목간이 들려주는 백제 이야기

●
·
●

윤 선 태

도서출판 주류성

목간이 들려주는 백제 이야기

저   자 : 윤 선 태
저 작 권 자 : (재) 백제문화개발연구원
발   행 : 도서출판 주류성
발   행   인 : 최 병 식
1판1쇄발행일 : 2007년 10월 30일
1판2쇄발행일 : 2008년 10월 24일
등   록   일 : 1992년 3월 19일 제 21-325호
주   소 : 서울특별시 서초구 서초동 1308-25 강남오피스텔 1212호

T   E   L : 02-3481-1024(대표전화)
F   A   X : 02-3482-0656
HOMEPAGE : www.juluesung.co.kr
E - M A I L : juluesung@yahoo.co.kr

값 10,000원

잘못된 책은 교환해 드립니다.
ISBN 978-89-87096-87-2

본 역사문고는 국사편찬위원회를 통한 국고보조금으로 진행되는
3개년 계획 출판사업입니다.

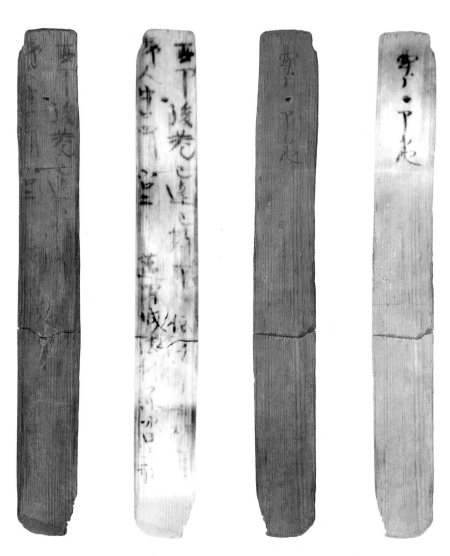

궁남지 315번 목간의 전면과 후면

능산리 남근형목간

1면　　　　　2면　　　　　3면　　　　　4면

능산리 사면목간

능산리 297번 목간

능산리 299번 목간 전면

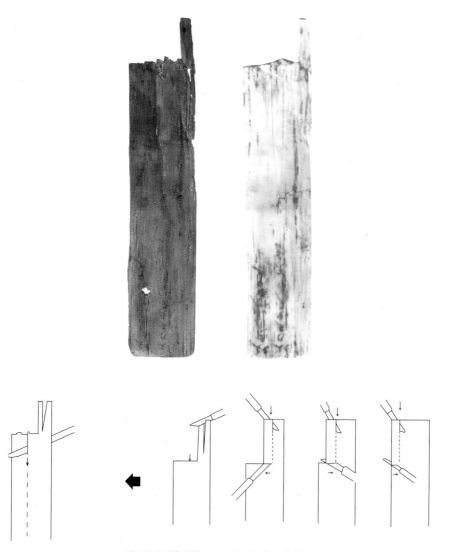

관북리 283번 목간으로 본 문서목간의 폐기행정

(전면)   (전면)

(후면)   (후면)

관북리 285번 목간의 전면과 후면   관북리 286번 목간의 전면과 후면

목간이 들려주는 백제 이야기

머리말

서울에서의 인연

1999년 여름 계절학기였다. 당시 나는 서울대에서 교양 '한국사'를 강의하였는데, 백제의 멸망과 그 원인을 설명하는 대목에서, 한 여학생이 갑자기 손을 들고 질문을 했다.

"선생님은 백제가 나·당의 동맹이라는 국제정세의 추이를 간파하지 못해, 결국 멸망했다고 말씀하셨지만, 그건 백제문화에 대해 선생님이 설명해주신 것과 모순됩니다. 선생님은 '금동용봉향로'나 '사택지적비', 그리고 백제의 척도제 등을 예로 들면서, 백제의 문화가 고구려나 신라보다도 훨씬 높은 수준의 국제성을 지니고 있었다고 설명하셨습니다. 그런데 백제의 멸망에 가서는 그와는 반대로 국제정세에 어두웠다고 말씀하시니, 도저히 이해가 되지 않습니다. 정말 백제가 국제정세의 추이를 간파하지 못해 멸망한 것입니까?"

그녀의 호통에 나는 제대로 답변할 말이 없었다. 얼굴이 불덩이가 되었다. 그 짧은 순간 머리 속에서 온갖 상상을 다해보았지만, 답은 쉽게 떠오르지 않았다. 그렇다고 의자왕 개인의 판단 잘못으로 궁색하게 몰아가는 것도 선생으로서의 마지막 자존심이 남아있어, 도저히 허락되지 않았다. 좋은 질문이라고, 나중에 답을 주겠다고 그냥 얼버무리고 말았다.

왜 나는 그동안 그것을 모순으로 생각하지 않았던 것일까? 백제문화가 높은 수준의 국제성을 띠고 있었다는 기존의 판단은 분명 옳다고 생각된다. 그렇다면 무엇이 잘못된 것일까? 그녀의 질문 이후 내 머리는 온통 백제, 백제로 가득 차버렸다. 당시 나는 '신라의 고문서와 목간(木簡)'을 주제로 박사학위논문을 준비하고 있었는데, 그것도 내팽개친 채 그 여름 내내 백제사와 씨름했다.

답을 준비하면서 나름대로 몇 가지 수확이 있었다. 우선 백제의 충신 좌평 성충이 옥중에서 마지막으로 의자왕에게 올린 말이다. 성충은 앞으로 백제에 전쟁이 있을 것이라 예언하고, '이국(異國)'의 병사들이 쳐들어오면 육로(陸路)로는 '탄현'을 통과하지 못하게 하고, 수군(水軍)은 '기벌포'로 들어오지 못하도록 하여, 그 험준함으로 방어해야 백제를 지킬 수 있다고 충간(忠諫)하였다.

성충은 단지 추상적으로 '이국'이라 표현하였지만, 이는 후일 '나당연합군'의 백제침공로와 완전히 일치한다. 성충의 이 말은 당시 나당동맹의 결성과 그들의 침공 가능성에 대해 심각하게 고민하였던 백제의 지배층이 존재하고 있었음을 분명히 말해주고 있다. 이는 백제가 당시의 국제정세 변화를 읽지 못했다는 기존의 판단이 잘못되었음을 의미한다. 그렇지만 여전히 의문이 남는다. 왜 백제에서는 성충이나 흥수처럼 나당연합군의 침공 가능성을 적극적으로 개진했던 인물들이 정치일선에서 하나 둘 제거되었던 것일까?

한편 신라측 자료에서도 중요한 대목을 발견했다. 김유신 열전을 읽다가 종래에는 그냥 스쳐갔던 부분인데, 이번엔 두 눈이 번쩍 뜨였다. 김유신은 668년 당군을 지원하기 위해 고구려 원정(遠征)에 오른 김흠순과 김인문을 격려하면서 다음과 같이 말했다.

"지금 우리나라는 충신(忠信)으로 살아남았고, 백제는 오만(傲慢)으로 멸망하였다. 고구려는 교만(驕慢)이 가득 차 위태하다. 지금 너희들은 우리의 올바름으로 저들의 그릇됨을 치는 것이니 충분히 뜻을 이룰 수 있다. 하물며 대국(大國)에 의지하여 천자(天子)의 위광(威光)을 밝힘에랴!!"

김장청의 『김유신행록』에서 발췌된 이 구절은 김유신 본인의 말이 아닐 수도 있다. 그러나 백제의 멸망을 가장 가까이에서 지켜본 신라인들이 내린 백제패망의 원인이라는 점에서 가벼이 보아서는 안 된다고 생각된다. 문맥으로 보아 신라의 '충신'과 대비되는 백제의 '오만'과 고구려의 '교만'은 모두 '대국(大國)' 즉 당(唐)과의 관계에 임하는 양국의 태도를 상징하는 어휘가 분명하다. 교만은 강대했던 고구려가 자신의 힘을 믿은 것으로 쉽게 해석할 수 있지만, 오만은 해석하기가 쉽지 않았다. 당에 대한 백제의 오만은 도대체 무엇을 말하는 것일까?

필자는 성충과 김유신의 말을 곱씹고 또 곱씹었다. 그 여학생의 질문에 답을 할 수 있는 실마리를 잡은 것만 같았다. 그러나 거기에서 한 발짝도 더 나아가지 못했다. 뒤얽힌 실타래는 좀처럼 풀리지 않았고, 그 여름 내내 나는 심한 열병을 앓고 말았다.

부여에서의 또 다른 만남

충남 부여는 백제의 마지막 수도였던 '사비도성'이 자리 잡았던 곳이다. 이곳 시가지 남쪽에는 사비시대(538~660)의 궁원지(宮苑池) 유적으로 추정되는 '궁남지'가 남아 있다. 1995년부터 국립부여문화재연구소에서 이곳을 대대적으로 발굴하였다. 그런데 발굴 중에 사비도성의 공간 구조와 백제지배층의 의식세계를 엿볼 수 있는 중요한 유물이 출토되었다.

이 책의 주인공이기도 한 이 유물은 길이 35㎝, 폭 4.5㎝, 두께 1㎝ 정도의 공들여 다듬은 나무판이다(그림 1). 1300년 이

그림 1. 궁남지 백제목간의 출토상황

상의 세월을 견디며, 우리에게 모습을 드러낸 이 가느다란 나무판에는 방금 쓴 것 같은 백제인의 묵서(墨書)가 선명하게 남아있다.

이 나무판은 뒤에서 상세히 검토하겠지만, 고대사회에서 종이가 일반화되기 이전에 서사재료(書寫材料)로 널리 사용되었던 '목간(木簡)'이다. 사비시대에는 이미 종이가 보급되었지만, 나무의 경제성과 내구성 때문에 목간도 함께 병용되었다. 이 목간에 쓰인 글자는 전체 37자에 불과하지만, 한 글자 한 글자, 어느 하나라도 소홀히 다룰 수 없는, 백제에 관한 매우 소중한 정보를 담고 있다.

이 궁남지목간과 나의 인연은 2001년으로 거슬러 올라간다. 당시 필자는 충남대 백제학교육연구단에 전임교수로 재직하고 있었는데, 마침 해외연구자 초청강연에 연사로 오신 일본의 목간연구자 도노 하루유키[東野治之] 교수가 백제목간을 보고 싶어 해, 그와 함께 부여문화재연구소를 방문하게 되었다. 나 역시 그동안 지면으로만 봐왔던 백제목간들을 처음으로 실견하는 기회여서 마음이 설레었다.

그때까지 신라목간은 여러 번 조사했지만, 궁남지목간처럼 매끄럽게 잘 다듬어진 목간은 난생 처음 보았다. 신라목간이 투박한 선머슴의 팔뚝이라면, 백제목간은 날씬한 처녀의 종아리 같았다. 목간의 외형 하나만으로도 백제의 서사문화가 신라보다 높은 수준에 도달해있었음을 쉽게 짐작할 수 있었다. 백제목간은 아름답다는 표현이 어울릴 정도로 목간의 제작에 상당한 공이 들어가 있다. 이는 부여 관북리나 능산리에서 출토된 다른 백제목간들을 볼 때도 항상 드는 생각이다. 백제목간은 첫

만남부터 나를 사로잡았다.

그런데 부여답사를 마치고 돌아와 연구실에서 궁남지목간의 묵서 내용을 검토하면서, 나는 더욱더 백제목간에 깊숙이 빠져들고 말았다. 그동안 그렇게 애타게 찾았던, 백제멸망의 원인을 푸는 단서가 이 목간 속에 숨어있었다. 이 가느다란 나무판 하나에 사비시대의 백제 '전체'가 고스란히 담겨있다고 해도 틀린 말이 아니다. 특히 이 목간에 기록된 정·중·소(丁·中·小)의 연령등급제는 백제를 넘어 동아시아 세계의 문화교류를 한눈에 보여준다. 이후 필자는 백제목간들의 묵서를 판독하고 용도를 분석하는데 많은 시간을 투자하게 되었다. 지금 쓰고 있는 이 책도 그 결과물이라고 할 수 있다.

백제목간은 현재 궁남지를 비롯해 부여의 능산리사지(陵山里寺址), 관북리(官北里), 쌍북리(雙北里) 유적 등에서 50여점이 출토되었다. 이 목간들에 대해서는 아직까지도 학술적인 보고와 정리가 제대로 이루어지지 않았다. 백제목간은 신라목간에 비해 그 수는 적지만, 질적인 측면에서 매우 다양한 정보들을 담고 있기 때문에 결코 뒤지지 않는다.

백제목간은 거의 대부분이 국가기록물이다. 이 목간들은 백제의 중앙집권을 유지시켜준 문서행정의 기초자료들로서, 백제의 관료제와 행정시스템을 보다 구체적으로 이해할 수 있게 해준다. 또 사비도성에서 발굴된 목간들은 출토지점 주변에 존재했던 목간제작자를 알려주기 때문에, 사비도성의 공간구조나 그 편제방식을 이해하는 데에도 큰 도움이 된다. 한편 백제목간 중에는 백제의 율령이나 제사의례 등을 복원할 수 있는 내용들이 적혀있는 것도 있다. 현재 이를 통해 고대동아시아 각국의 문화교류를 보다 심층적으로 검토하는 연구가 많은 학자들에 의해 진행되고 있다.

목간의 묵서는 단편적인 기술이라고 하더라도, 당대(當代)의 살아있는 정보와 어휘를 담고 있기 때문에 역사연구에 미치는 영향력과 파급도가 매우 크다. 예를 들어 그동안 중국승려의 저술로 알려져 있던 혜균(慧均)의 『대승사론현의기(大乘四論玄義記)』가 백제승려의 저술로 새롭게 밝혀지게 된 것도 능산리사지의 백제목간에 기록된 '보희사(寶憙寺)'가 중요한 근거가 되었다. 앞으로 백제목간은 자료부족으로 허덕여왔던 백제사연구를 새로운 국면으로 이끌 원동력이 될 것이라고 믿어 의심치 않는다.

최근 발간된 『한국의 고대목간』(국립창원문화재연구소, 2004)을 통해 백제목간의 적외선사진이 공개되어 목간연구를 위한 가장 중요한 기초가 마련되었다. 필자는 이 책에 무엇보다도 큰 은혜를 입었다. 이 자리를 빌어 이 소중한 책을 만들어주신 관계자 여러분께 감사드린다. 한편 이 목간 도록에 실리지 않은 백제목간들은 묵서 판독을 위해 직접 조사할 필요가 있었다. 자료열람에 편의를 제공해주신 국립부여박물관과 국립부여문화재연구소 관계자 여러분들께 다시 한번 고마움을 전한다.

필자의 곤필(困筆)로 이 책의 원고마감을 제대로 지키지 못했다. 그럼에도 너그럽게 기다려주신 백제문화개발연구원의 신병순 이사님께 깊이 감사드린다. 이 책을 읽고 일일이 교정해주고 또 그림 자료까지 정리해준 대학원생 이동주에게도 미안함과 고마움을 함께 전한다. 그러나 말은 늘 마음보다 모자란다.

고대동아시아세계의 냉엄한 국제질서 속에서 멸망한 백제의 역사를 보노라면, 대한민국도 예외의 공간이 아니라는 생각이 든다. 요즘 '자주국방'이라는 말이 인구에 회자(膾炙)되고 있다. '북핵'은 또 얼마나 우리를 슬프게 하는가!! 한반도를 둘러싼 국제정세를 이해하는데 과거의 백제가 일정한 교훈이 될 수 있다면 좋겠다.

1999년 그때도 그랬고, 지금도 그렇지만 백제의 멸망은 여전히 '국제정세에 어두웠던 의자왕' 때문으로 쉽게 설명되고 있다. 그 해 여름 그 여학생의 질문이 없었다면, 나 역시 이를 묵수하고 있었을지도 모른다. 나의 미몽(迷夢)을 깨워준 그미에게 이 책을 바친다.

사랑하는 동국대 연구실에서

윤 선 태

차 례

차 례

목간 이해의 기초

1. 목간의 사료적 특성

목간은 '문자를 기록하기 위해 만든 목제품(木製品)'을 말하며, 고대 동아시아사회에서는 종이가 보편화되기 이전에 가장 널리 사용된 서사 재료(書寫材料)였다. 나무를 서사재료로 사용하는 방식은 고대 중국에서 최초로 기원(起源)하였는데, 이것이 한반도를 경유해 일본열도에까지 전파되었다. 현재 중국학계에서는 이러한 서사재료를 '간독(簡牘)'이라고 부르며, 한국과 일본학계에서는 '목간(木簡)'이라고 부르고 있다. 그러나 우리의 경우 아직 역사교과서에도 소개되지 않았기 때문에, 일반인들에게는 무척 생소할 것으로 생각된다. 그만큼 최근에 와서야 연구가 본격화된 신출 자료들이다.

목간보다 종이가 혁신적인 서사재료이지만, 종이는 내구성이 약해 오늘날까지 보존된 고대의 종이는 극히 적다. 물론 목간도 특수한 조건하에서만 보존된다. 극히 건조한 지역이거나, 그 반대로 산소가 차단되어

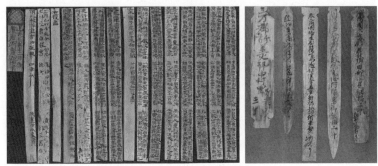

그림 2. 중국 한대(漢代)의 편철목간(좌)과 고대일본의 부찰목간(우)

목재의 부식이 지연된 매우 습한 유적, 예를 들어 우물, 연못, 저수지, 배수로 등에서 주로 출토된다.

중국과 일본에서는 목간이 수십만 점 발굴되었지만, 우리는 현재 400점 정도에 불과하다. 그렇지만 최근에 와서 고고학자들이 저습지의 보존환경에 대해 주목하기 시작하였기 때문에, 목간출토유적과 목간의 출토 점수는 앞으로 기하급수적으로 증가할 것이 분명하다. 우리도 중국의 '주마루삼국오간(走馬樓三國吳簡)'이나 일본의 '나가야왕가목간(長屋王家木簡)'처럼, 우물 속이나 목간 폐기장에서 수만 점, 아니 수십만 점이 한꺼번에 발굴될 날이 그리 멀지 않았다고 생각된다.

한국고대사를 전공하는 사람이면 누구나 부딪히는 문제지만, 우리에게는 고대사회를 설명할 수 있는 사료가 턱없이 부족하다. 『삼국사기(三國史記)』는 오늘날 남아 있는 가장 오래된 연대기이지만, 이 책은 중세의 시각에서 고대사를 정리하였다는 점에서 고대사회를 복원하는 데

많은 어려움이 있다. 그나마 '백제사택지적비', '중원고구려비', '단양 신라적성비' 등 고대의 금석문(金石文) 자료가 하나 둘 발견되어 숨통을 틔워주었지만, 엄밀히 말한다면 이 자료들 역시 목간에 비해서는 매우 제한적인 측면을 갖고 있다.

서사재료와 거기에 기록된 내용은 밀접한 상관관계를 갖고 있다. 문자를 기록하는 행위뿐 아니라, 서사재료를 선택하는 데에도 인간의 표현의지가 관철되기 때문이다. 마치 우리가 연애편지를 쓰기에 앞서 야릇한 편지지를 준비하듯, 과거인들 역시 서사재료를 선택하는 과정에서 이미 자신이 글을 쓰는 목적을 실현하려고 한다.

금석문은 재료의 성격상 오랫동안 기억되고 전승되기를 기대하면서 어렵게 문자를 각인(刻印)한 것이기 때문에, 그 기록내용이 특수하다. 이른바 정치적·종교적 '기념비'가 대부분이다. 또한 금석은 무겁기 때문에, 정보 전달력이 공간적으로 매우 제한될 수밖에 없다.

그러나 목간은 재질이 나무여서 주변에서 쉽게 구할 수 있고, 또 가벼워서 이동이 가능한 서사재료이기 때문에, 목간에 기록될 내용은 앞서와 같은 재료적 제약을 크게 받지 않는다. 이로 인해 목간에는 개인의 간단한 글자 연습에서부터 국가의 복잡한 행정문서에 이르기까지 고대사회의 각종 기록물이 모두 확인된다. 더욱이 목간의 묵서(墨書)는 당대인의 육필(肉筆)이며, 그 내용이나 형태, 출토지 등을 통해 목간의 제작과 폐기에 이르는 '목간의 일생(life cycle)'을 추적할 수 있기 때문에, 기록내용 외에 문자생활 전반에 관한 다양한 정보들을 얻을 수 있다. 목간의 자료적 가치가 남다른 점은 바로 여기에 있다.

오늘날 지식과 정보의 총아인 '책(冊)'도 원래는 〈여러 개의 목간을 끈으로 연결해놓은 모습〉을 상형한 글자였었다. 우리는 책 하면 일반적으로 종이를 떠올리지만, 적어도 동아시아에서는 '목간'이 책의 시대를 연 장본인이었다. "인간은 책보다 오래가는 구조물을 짓지 못한다"는 유명한 말이 있다. 이를 증명이라도 하듯 백제인들도 자신들의 일상(日常)을 목간에 담아, 천년도 훨씬 지난 오늘의 우리에게 무언가를 말하려 한다. 그것을 만지고, 읽고, 이야기할 수 있는 시대에 태어난 필자는 분명 행운아임에 틀림없다.

2. 목간의 탄생과 전파

나무를 서사재료로 사용하는 방식은 고대 중국에서 기원하였다.[1] 나무를 사용하기 이전에는 갑골(甲骨)이나 청동기(靑銅器) 등에 날카로운 도구로 문자를 새기거나 주조하였는데, 이러한 서사재료들은 구하거나 만들기가 어렵고, 기록하는 것 자체도 쉽지 않았다. 더욱이 갑골문에는 신에 대한 질문과 신탁(神託)이 주로 기록되어 있고, 청동기의 명문(銘文)도 대부분 사람이 읽을 수 없는 청동기 안쪽에 주조되었다. 이는 그 기록내용이 신(神)에게 보여주기 위한 것이지, 인간을 독자(讀者)로 한 것이 아니었음을 의미한다.[2]

다시 말해 갑골이나 청동기 등의 서사재료들은 신탁을 얻기 위해, 또는 맹약(盟約)을 영원히 보증하기 위해 특별히 제작한 것들이기 때문에, 거기에 기록된 문자를 읽는 독자는 극히 제한적일 수밖에 없다. 하지만 목간은 주변에서 누구라도 쉽게 구할 수 있는 '나무'라는 재질을 사용하였다는 점에서, 그 이전의 서사재료들과 구분되며, '인간을 향한 문자기록'의 출발을 알리는 상징적 의미를 갖는다.

중국에서 목간이 사용되기까지에는 나무에 잘 흡착되는 물감인 먹(墨)과 필기구인 붓(筆)의 발명이 매우 중요한 역할을 하였다. 현재 중국에서는 붓, 먹, 그리고 목간 등 일체의 문방구가 이미 전국시대(戰國時代, B.C. 403~221)의 유적에서 확인되고 있다. 따라서 그 개시시기(開始時期)는 춘추시대 이전으로 올라갈 가능성이 매우 높다.

그런데 이러한 목간의 사용과 확산이 중국의 사상과 문화를 꽃피운 '제자백가(諸子百家)'의 시대와 일치한다는 점에 주목할 필요가 있다. 제자백가들이 저술한 수많은 책들이 오늘날까지 전해질 수 있었던 것도 모두 목간의 탄생과 밀접한 관련이 있다. 목간이 사용되면서, 인간이 만들어낸 정보와 지식은 어느 특정한 시공간의 독점물로 소멸되지 않게 되었다. 목간에 기록된 것이 다시 새로운 목간에 필사되면서, 과거는 사라지지 않고 현재를 반추(反芻)하는 영원성을 얻게 되었다.

공자(孔子)가 '삼대(三代)'라는 과거의 이상적 세계를 발견하고, 그것을 동시대에 역설하고, 다시 그의 사상이 제자들에 의해 전승될 수 있었던 것도, 모두 목간이 그 이전의 서사재료들과 달리 시공간적 제약을 극복하였기 때문에 가능하였다. 인간은 이제 목간을 통해 자신들이 기록해둔 과거와 현재의 일상(日常)을 언제라도 다시 읽고 전달할 수 있게 되었다. 이로 인해 문자는 '신에서 인간으로' 대상의 전환을 맞게 된다.

목간으로 인해 거기에 기록된 지식과 정보는 보다 넓은 공간으로 자유롭게 전파되어 갔다. 인간은 자신의 공동체를 넘어, 점점 더 넓은 세계와 조우하게 되었으며, 그에 부수되어 국가의 지배력 역시 자신의 경계(境界)를 계속 확대해갔다. 중국에서는 이러한 서사재료의 혁명을 기초로 하여 문자향유층이 더욱 증가하였고, 보다 광범위한 지역으로 국가의 의지가 전달될 수 있었다. 이는 문자(文字)에 의한 지배, '문서행정'이라는 발달된 국가운영시스템을 낳게 된다. 거대제국인 진·한(秦·漢)의 성립은 바로 그 결과물이었다.

애초 중국에서는 대나무로 목간을 만들었고, 그래서 흔히 '죽간(竹簡)'이라고 부른다. 중국의 한자(漢字)는 일반적으로 위에서 아래로, 세로로 쓰기 때문에 이것이 목간의 형태를 제약하여 나무를 세로로 길게 다듬었다. 대나무는 가볍고 세로로 잘게 쪼개지는 성질을 가지고 있으며, 일반나무와 달리 단단한 표피로 인해 얇고 가늘어도 내구성이 있다. 발굴되는 죽간의 폭은 대체로 1㎝ 내외로 되어 있다. 이러한 여러 장점 때문에 대나무는 중국에서 서사재료로서 특별히 선호(選好)되었다. 죽간(竹簡)의 '簡'이란 글자도 원래의 뜻이 세로로 긴 세장형(細長形)의 대나무편을 의미한다.

한편 두 줄을 쓸 수 있는 '양행(兩行)' 목간이나, 목간을 삼각이나 사각 막대 형태로 만든 '다면[觚]' 목간 등은 하나의 목간에 글자를 많이 기록하기 위해 목간의 폭과 면을 확대한 것들이다. 그러나 목간 하나만으로 서사공간을 늘리는 방법은 한계가 분명하기 때문에, 기록할 양이 많아지면 여러 개의 목간을 끈으로 연결할 수밖에 없다. 이러한 구조의 목간묶음을 흔히 '책서(冊書)' 또는 '편철간(編綴簡)'이라 한다.

앞서 소개한 〈그림 2〉의 중국 편철간을 보면서 이를 다시 확인해보자. 이 목간들은 이미 편철했던 끈[書繩]이 썩어 없어졌지만, 각 목간에 묵서된 서식(書式)을 보면, 처음에는 끈에 묶여 있었음을 분명히 알 수 있다. 목간들을 보면, 묵서가 없는 공격(空隔) 부분이 서로 평행선을 그은 것처럼 이어진다. 이는 끈으로 묶고 글을 썼거나, 끈으로 묶을 것을 예상하고 그곳을 비워두고 일부러 띄워 썼기 때문에 그렇게 된 것이다. 이 목간은 죽간이 아니고 일반나무인데 둔황[敦煌]에서 발견되었다. 대나무가 자라지 않는 중국의 건조지대나 북방지역에서는 일반나무로도 편철간을 만들어 사용하였다.

물론 목간 하나가 자체 완결적으로 사용되는 단독간(單獨簡)들은 대나무의 생장환경과 관계없이 일반나무로 만들어졌다. 뒤에서 상세히 검토하겠지만, 봉함용 상판덮개인 '검(檢)'이나, 책과 문서의 표지(標識)로 사용된 '갈(楬)', 다면목간인 '고(觚)', 그리고 여러 행을 쓰기 위해 가로로 길게 만든 '방(方)' 등은 각각의 용도에 맞는 특별한 형태로 만들어야 하기 때문에, 대나무보다 형태가공이 편리한 일반나무가 사용되었다.[3] 현재 중국학계에서는 대나무로 만든 것을 '죽간(竹簡)', 그 외

기타 일반나무로 만든 단독간을 '목독(木牘)'이라고 통칭하고, 이 양자를 합해 '간독(簡牘)'이라고 부르고 있다.[4]

이처럼 목간은 재료를 주변에서 쉽게 구할 수 있을 뿐만 아니라, 기록할 양이나 용도에 따라 형태도 마음껏 조절할 수 있었기 때문에, 중국에서는 오랫동안 서사재료로 애용되었다. 그러나 목간은 기록할 분량이 늘어날수록 부피가 점점 커지는 치명적인 한계도 아울러 갖고 있다. 예를 들어『사기(史記)』에는 한 무제(武帝) 때 동방삭(東方朔)이 지방에서 중앙으로 문서를 보고하는데, 죽간이 무려 3,000매나 되어 두 사람을 시켜 겨우 운반했다는 이야기가 전한다. 이는 목간의 단점을 극명하게 보여주는 일화다.

물론 당시에도 목간의 이러한 문제점을 보완할 수 있는 서사재료로서 '비단[縑帛]'이 있었다. 요즘도 책의 수량을 셀 때 사용하는 '권(卷)'은 본래 이러한 비단을 두루마리 형식으로 말아놓은 모습을 상형한 글자다. 비단은 목간과는 비교할 수 없을 정도로 가볍고 얇기 때문에, 아무리 많은 내용을 기록해도 이를 두루마리 형태로 말아놓으면, 이동하거나 보관할 때 큰 애로가 없다. 이것을 '백서(帛書)'라고 한다. 그러나 비단은 값이 비쌌기 때문에 상류계층이 특수한 목적에만 사용하는 극히 제한적인 서사재료였다.

그런데 목간의 경제성과 비단의 효율성을 모두 갖춘 보다 혁신적인 서사재료가 중국에서 발명된다. 그것이 바로 '종이[紙]'다. 종이는 처음에는 물품의 포장지로 사용되었는데, 후한시대에 채륜(蔡倫)에 의해 품질이 개선되면서 서사재료로서 광범위하게 보급되었다.[5] 이로 인해 전적이나 장부(帳簿) 등을 기록하였던 편철간은 결국 후한시대 이후 점차 소멸되어갔다. 이는 종이가 편철간을 대신해 많은 양을 기록하는 서사재료로 자리잡아갔기 때문이다. 결국 중국에서는 종이 생산이 경제성을 갖추는 4세기대를 기점으로 목간은 보다 보편적인 서사재료로서의 지위를 종이에 넘겨주게 된다.[6]

한편 목간서사문화는 기원전 1세기경 한반도의 남단에서도 확인되며, 늦어도 7세기 말경에는 일본열도로 전파된다. 한국의 고대목간은 목간의 최초 사용시기로도 알 수 있지만, 중국 한대(漢代)의 간독문화(簡牘文化)에 직접적인 영향을 받았다. 그러나 일본에서는 목간 사용연대가 종이가 보급되어 지목(紙木)이 병용되었던 시기였기 때문에, 서사재료의 형태와 용도, 그리고 기능에 있어 중국, 한국과는 큰 차이가 난다. 일본의 고대목간은 한국의 8세기 이후 목간들과 형태나 용도가 유사하다.

8세기 이후 한국과 일본에서는 많은 양의 정보는 종이에 서사되었고, 목간은 주로 간단한 메모나 발췌용, 아니면 종이에 정서(正書)하기 전의 기초정리용이나 글자연습용[習書用]으로 사용되었다. 이 시기의 목간은 대체로 목간 하나하나를 자체 완결적으로 사용하는 납작한 단독간이 주류를 이룬다.

그러나 종이가 보편화된 뒤에도 목간이 특별히 애용된 곳도 있다. 예를 들어 세금의 수송이나 창고보관과 관련하여 제작된, 물품의 '꼬리표

[附札]'에는 특별히 나무재질로 만든 목간이 사용되었다. 고대에는 각 지방의 세금이 현물로 중앙에 납부되었는데, 이때 지방관아에서는 책임소재를 명확히 하기 위해 납부자와 세액 등을 기록한 꼬리표를 제작해 세금에 매달았다. 이 세금은 최종목적지인 중앙수납처까지 장시간 이동하기 때문에, 종이보다는 목간처럼 내구성이 있는 나무가 애용될 수밖에 없었다.

목간의 재질을 보면, 한국의 경우 죽간도 확인되지만, 6세기 이후에는 대체로 소나무[松]나 버드나무[柳]가 사용되었다. 한편 일본은 히노키[檜]가 대부분이며, 일부 스기[杉]도 확인된다. 그런데 주목되는 것은 일본에서는 죽간의 출토예가 하나도 없다는 점이다. 한때 큐슈[九州]에서 죽간 형태의 대나무편이 출토되어 일본학계가 주목했지만, 결국 이 대나무편은 화장실에서 뒤닦이용으로 사용했던 것으로 밝혀졌다.

일본에는 대나무가 풍부함에도 불구하고, 대나무를 서사재료로 사용하지 않았다. 왜 그랬을까? 이는 고대일본이 중국의 편철죽간문화에 영향을 받지 않고, 애초 한반도의 지목병용기(紙木倂用期) 문화를 모방했기 때문이라고 생각된다.

지목병용기에는 편철간이 사라지고, 전적류가 주로 종이에 서사되었다. 목간은 일반나무로 제작해 간단한 메모와 연습용으로 사용하였다. 6~7세기 이후 고대 한국에서는 전적류가 종이에 기록되었기 때문에, 중국처럼 일반나무가 아닌 죽간을 사용하여 서사재료의 부피와 무게를 줄일 필요성이 그렇게 크지 않았다. 더욱이 메모용이나 연습용 서사재료는 뒷면까지도 서사공간으로 활용하기 쉬운 일반나무가 선호될 수밖에 없었다.[7] 고대일본은 7세기 이후 한국의 고대목간문화를 그대로 모방하여 고대국가의 체제정비에 활용하였기 때문에 죽간이라는 이미지를 상상할 수 없었다고 생각된다.

이처럼 중국의 '간독(簡牘)'과 8세기 이후 한국과 일본의 '목간(木簡)'은 서사재료의 재질, 용도, 그리고 그 기능 면에서 서로 큰 차이가 난다. 그러나 분명한 것은 둘 다 '나무'를 서사재료로 사용한 공통분모를 갖고 있다는 점이다. 이는 애초 한반도의 고대사회가 중국으로부터 문자, 필기구, 서사재료 등 문자생활 일체를 받아들였고, 이를 다시 일본 열도로 전달해주었기 때문이다. 결국 고대 동아시아사회는 동일한 '문자[漢字]', 동일한 '서사재료[紙·木]', 동일한 '필기구[筆·墨]'를 공유하고 있었으며, 이러한 공통된 문자생활은 고대 동아시아사회를 하나의 세계로 조망해볼 수 있는 중요한 창(窓)이 될 수 있다.

이 경우 고대 동아시아사회가 공히 사용한 '나무'로 만든 서사재료를 하나의 보편적인 학술용어로 수렴하려는 노력이 필요하다고 생각된다. 이와 관련하여 중국학계에서 사용하고 있는 '간독(簡牘)'을 일차적으로 고려해볼 수 있다. 한국과 일본의 고대목간도 재질상으로는 '독(牘)'이라는 개념 속에 수렴될 수 있기 때문이다. 그러나 '간독'이라는 표현에는 '간', 즉 '편철간'을 핵심으로 하는 중국 중심의 서사문화가 깊게 내재되어 있다. '독'은 애초 '간'에 부수된 존재에 불과하다. 이에 비해 6세기 이후 한국이나 7세기 이후 일본의 고대목간은 앞서 언급하였듯이 편철간이 아닌 '종이[紙]'에 예속된 존재였다. 결국 '간독'이라는 용어로는 중국과 주변세계가 함께 참여하고, 서로 상호작용하면서 만들어낸 나무 서사재료의 역사성을 담아낼 수가 없다.

그런데 현재 중국학계에서도 일반나무로 만든 '세장형(細長形)'의 서사재료를, 방형(方形)의 의미가 담긴 '목독(木牘)' 대신에, '목간(木簡)'이라는 말로 세분하여 표현하고 있다. 이 경우의 '간(簡)'은 대나무라는 원래의 재질과 관계없이 사용되었고, 세장형이라는 형태만을 따온 셈이다. 나무 서사재료를 세장형으로 만든 것은 한자(漢字)의 서사방식과 밀접히 연관되어 있다. 한자는 위에서 아래로 서사하는 '종서(縱書)'로 필기되며, 이러한 한자의 종서관행이 서사재료의 형태를 제약하여, '세장형'의 간이 출현하였다.

이러한 관점에서 볼 때, 고대 동아시아사회에서 서사재료로 사용한 목제품은 '간(簡)'이라는 용어로 수렴하는 것이 가장 적합하다고 생각된다. '간'이라는 용어에는 중국에서 서사재료로 대나무편을 사용했었던 역사적 시원(始原)과 한자의 종서방식에 의해 결정된 서사재료의 형태적 요소가 함축되어 있다. 한편 앞서 살펴보았듯이 중국의 여러 지역을 비롯해, 동아시아사회에서는 해당지역의 역사적, 또는 식물의 생장환경에 따라 나무의 재질을 다양하게 선택하였다. 따라서 대나무와 일반나무까지도 포함할 수 있는, 보편적인 '木[나무]'이라는 수식어를 '간(簡)'에 덧붙이면 좋을 것 같다. 필자는 고대동아시아사회에서 사용했던 나무서사재료를 통칭하는 표현으로 '목간(木簡)'이라는 용어를 제안하고 싶다.

더욱이 이 '목간'이라는 어휘는 당초(唐初)에 찬술된 안사고(顏師古)의 『한서(漢書)』 주(注)에도 그 용례가 보이며,[8] 『삼국유사(三國遺事)』에 채록된 신라의 거타지설화(居陀知說話)에도, "목간(木簡) 50편(片)에 이름을 적고, 그것을 물에 넣어 가라앉는 것으로 제비를 뽑자"고 기록되어 있어,[9] '목간'이라는 어휘가 이미 전통시대 동아시아사회에서 널리 통용되고 있었음도 알 수 있다.

결국 필자가 이 글에서 사용하는 '목간'이라는 용어는, 〈첫째〉 고대 동아시아 서사재료의 공통분모인 '목(木)'이라는 재질적 요소, 〈둘째〉 중국에서 발명된 편철간을 상징하는 '죽간(竹簡)'이라는 역사적 요소, 〈셋째〉 한자의 종서방식에 의해 결정된 세장형(細長形)을 뜻하는 '간(簡)'이라는 형태적 요소 등이 복합적으로 함축되어 있는 개념어이다. 한편 방형목간인 '방(方)', 다면목간인 '고(觚)', 그리고 여러 개의 목간을 끈으로 연결한 '책(冊)' 등은 모두 이러한 세장형의 '목간(木簡)'을 원형(prototype)으로 하여, 기록할 문자의 양이나 용도에 따라 그 형태를 변형한 것이라고 정의할 수 있다.[10]

3. 목간과 학제간(學際間) 연구

목간에 관한 근대적 연구는 20세기 벽두인 1901년 영국 탐험가 스타인(Aurel Stein)이 타림분지 남쪽 니야[尼雅] 유적에서 중국 진(晉)나라의 목간 50매를 발견하면서 시작되었다. 그 뒤 중국은 둔황[敦煌]과 후난성[湖南省] 창사[長沙] 등지에서, 일본은 1960년대 헤이조쿄[平城京]에서 목간이 쏟아져 나왔다. 지금까지 중국과 일본에선 각각 수십만 점에 달하는 목간이 출토되었고, 이에 의거해 문헌자료로는 파악하기 어려웠던, 고대 일상사(日常事)의 세세한 부분까지도 활발한 연구가 이루어지고 있다. 이에 기초하여 양국에는 '목간학(또는 간독학)'이라는 학문체계가 성립하였다.

한편 일제시대 평양의 낙랑군 유적에서 발견된 중국 한대(漢代)의 목간을 제외한다면, 1975년 경주 안압지에서 50 여점 가량의 신라목간이 출토, 보고된 것이 한국고대목간의 최초 발굴이었다. 그러나 당시에는 목간 발굴시 어떠한 점에 주의해야 되는지, 출토상황 중 반드시 관찰되고 보고되어야 할 것들은 무엇인지 등이 정립되어 있지 않아, 목간을 통해 얻을 수 있는 신라사의 많은 정보들이 발굴과 동시에 사장(死藏)되어버린 아픈 추억이 있다. 30년이 지난 오늘날 과연 이러한 문제점이 얼마나 개선되었다고 말할 수 있을까!! 이러한 문제점을 극복하기 위해서는 무엇보다도 목간이 갖고 있는 수많은 정보들을 다양한 각도에서 읽어내려는 학계의 노력이 필요하다.

지금까지의 목간연구는 주로 목간을 '문자자료'로서 이용한 것들이 대부분이다. 이로 인해 연구자들은 주로 목간의 묵서에만 관심을 두었다. 하지만 목간은 문자자료임과 동시에 발굴조사에 의해 출토되는 고고유물이라는 점을 반드시 명심해야만 한다. 목간의 형태를 비롯해, 목간의 폐기상황과 출토상황, 그리고 공반목간, 기타 공반유물과 유구와의 상관관계에 관심을 가질 때, 목간에서 얻을 수 있는 정보의 양은 더욱 늘어나게 된다. 우리보다도 목간연구가 앞서있는 일본의 목간연구사를 보면, 1980년대 이후 목간을 문자자료로만 이해했던 기왕의 문제점을 반성하고, 목간을 고고자료로 바라볼 것을 강조하고 있다.[11]

목간을 고고자료로 분석할 때 주의해야 될 점을 열거하면 다음과 같다. 우선 첫째로 목간의 폐기상황, 혹은 그 출토상황을 정확히 이해해야만 한다. 이를 기초로 공반목간, 그 외 공반유물과의 상관관계 속에서 목간의 제작과 폐기에 이르는 역사적 성격을 고찰할 필요가 있다. 이러한 방법은 목간출토유적의 성격이나 목간제작자를 추정하는 데 큰 도움이 된다.

그리고 둘째로 목간의 형태와 크기에 주목해야 한다. 목간은 애초 그 용도와 목적에 맞게 제작되고, 폐기되기 때문에, 목간의 형태와 관련된 여러 요소는 목간의 용도와 기능을 이해하는 핵심기준이 될 수 있다.

셋째로 목간은 목간의 형태와 크기 외에도, 목간의 수종(樹種), 마름질방법, 서체(書體), 폐기행정(廢棄行程) 등 여러 다양한 관점에서 목간 개개의 물질적 특징을 추출할 필요가 있다. 목간을 문자자료로서 이용하기 위해서라도, 이러한 물질자료적 기초탐구를 게을리 해서는 안 된다.

한편 목제유물은 발굴 때 오랫동안 매장되어 있던 유물이라고 상상하기 힘들 정도로, 금방 만든 새 것처럼, 밝은 색을 띠며 출토된다. 그러

나 발굴 후 30분만 지
나면 흑갈색의 고목(枯
木)으로 변해버린다.
장기간의 매장 환경 속
에서 갑자기 공기와 빛
에 노출되었기 때문이

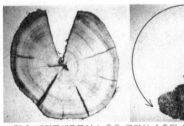

그림 3. 매장목제유물이 노출후 급격히 수축된 상황

다. 이를 수 시간 방치하면 균열이 생기고, 급격한 수축이 일어나 원형
을 잃어버린다.

저습지에 매장되어 있던 목재는 이미 수지분(樹脂分)이 유출 붕괴되어
버렸고, 그 속에 수분이 듬뿍 채워져 있다. 그런데 발굴로 인해 공기 중
에 노출되면서 목재 속의 수분이 증발하게 되면, 급격한 수축이 일어나
게 된다(그림 3 참조). 목간도 목제유물이라는 점에서 마찬가지 현상이
일어난다. 발굴 후 방치한다면, 목재가 검게 되고, 문자는 판독하기 힘
들어지며, 목간의 형상도 수축되어 원형을 잃어버리게 된다. 또 묵서
부분도 썩어 문드러져 목재의 표면부에서 떨어지게 된다.

그러나 현대과학에 힘입어, 이러한 목제유물도 외형에 큰 손상이 없
이 그대로 보존될 수 있는 방법이 속속 개발되고 있다. 현재 목간이나
목제유물의 보존처리에 가장 널리 사용되고 있는 방법으로는 PEG함침
법, 진공동결건조법 등이 있다.[12]

PEG함침법은 목재에서 빠져나간 수지분을 메우기 위해 폴리에틸렌
글리콜(Polyehtyleneglycol)을 사용해 내부를 강화하는 화학적 처리

방법을 말한다. 또 진공동결건조법은 목간의 묵서를 보존하기 위해 고안된 건조방법 중 하나이다. 이들의 구체적인 보존처리방법은 필자의 능력 밖이라 여기에서는 상세히 설명할 수 없지만, 이러한 보존처리법의 발달 덕분에 목간연구와 목간의 일반전시가 가능하게 되었다는 점은 분명히 명심해야 한다.

현대과학은 목간의 보존뿐만 아니라, 목간의 묵서판독에도 큰 도움을 주고 있다. 목간 표면에 쓴 묵흔은 오랫동안 매장되어 있었기 때문에 육안으로는 도저히 그 묵서를 읽을 수 없는 경우가 많다. 그러나 먹(墨) 성분이 목간 내부조직에 침투되어 남아있다면, 그 묵서는 적외선카메라를 사용해서 판독해낼 수 있다. 적외선은 X선에 비해 투과력은 미미하지만, 목간 표면 하층의 먹 성분을 확인하는 데에는 가장 효과적인

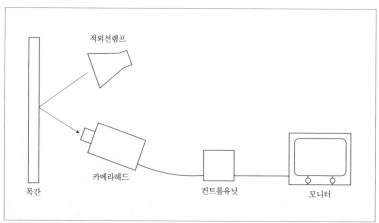

그림 4. 적외선 텔레비전 카메라의 구조와 원리

방법이다.

〈그림 4〉는 목간의 묵서판독에 활용되고 있는 적외선 텔레비전 카메라의 구조와 원리를 쉽게 그림으로 표현해본 것이다. 그림처럼 목간에 적외선램프를 비추면, 목간의 표면을 투과한 적외선이 표면 아래의 먹 성분에 반응하여, 되돌아오는 반사광에 묵서의 정보를 담아 보내게 된다. 이 반사광은 육안으로는 볼 수 없지만, 적외선필름과 적외선 텔레비전을 이용하면 쉽게 볼 수 있다.[13]

또 〈그림 5〉는 함안 성산산성목간에 적외선촬영을 시도해 묵서를 확인한 사례이다. 적외선촬영 전, 이 목간에는 육안으로 아무런 묵서도 확인할 수 없었다(그림 5의 왼쪽). 그러나 적외선촬영 이후 목간 표면에 '대촌 이식지 일벌(大村伊息知一伐)'이라는 묵서가 있음을 알게 되었다(그림 5의 오른쪽). 〈그림 5〉는 현대과학이 얼마나 목간연구에 큰 기여를 하고 있는지를 말없이 보여주고 있다.

그림 5. 적외선촬영 목간

최근 국립창원문화재연구소는 기왕에 출토된 한국고대목간에 대해 정밀한 적외선사진촬영을 시도하였고, 이 사진자료들을 모아 2004년에 『한국의 고대목간』(이하 『고대목간』으로 약칭)이라는 도록(圖錄)을 간행하였다. 이러한 작업을 통해 그동안 50여점으로 알려졌던 안압지 출토 신라목간이 무려 107점(묵서목간 69점)에 달한다는 사실이 새롭게 밝혀졌다. 또 종래 묵흔이 남아있는 몇몇 목간의 실측도면만 소개되었던 월성해자(月城垓字) 출토 신라목간도 34점(묵서목간 29점)이나 더 공개되었다.[14]

필자는 요즘 이 책의 적외선사진에 의거해 목간의 묵서를 판독하면서 때론 기쁨에, 때론 슬픔에 잠기곤 한다. 적외선사진을 통해 자칫하면 사라졌을지도 모를 신라인의 육필(肉筆)과 수많은 정보를 대할 수 있다는 것은 큰 즐거움이지만, 70~80년대에 발굴된 목간들이 이제야 빛을 발하는 우리 학계의 현실에 부끄러움 또한 느끼지 않을 수 없다.

안압지목간 발굴 때와는 달리 월성해자목간 발굴 시에는 적외선 촬영기법이 이미 한국에 소개되었는데도, 지금에야 이들 목간의 적외선촬영이 시도된 것은 학술적으로 엄청난 손실이 아닐 수 없다. 월성해자목간은 그 형태나 묵서 내용이 한국고대사회의 서사문화(書寫文化)나 문서행정을 이해하는데 있어 매우 획기적인 측면을 내포하고 있어 더욱 그러하다. 희미해진 묵흔을 보노라면 좀 더 잘 보존되고, 좀 더 일찍 촬영되었더라면 어땠을까하는 깊은 회한(悔恨)에 빠지게 된다. 앞으로 목간발굴기관이나 소장처에서는 연구진들이 적외선촬영을 여러 번 시도하여 최상의 선본(善本)을 만들고, 이를 빨리 학계에 소개해 목간연구가 활성화될 수 있도록 해주었으면 한다.

한편 최근 국어국문학계에서도 목간에 깊은 관심을 보이고 있다. 충남 부여의 능산리사지 유적(이하 능산리로 약칭)에서 발굴된 목간 중에 사언사구체(四言四句體)의 백제시가(百濟詩歌)가 있다는 김영욱 교수의 견해도 그 중의 하나이다. 그에 의하면 이 노래는 민요풍(民謠風)의 가요로 백제인의 인생관과 불교적 정서가 짙게 배어 있다고 한다.[15] 이 자료의 국문학사적 중요성은 두말할 필요가 없지만, 이 시가가 우리말 어순으로 창작되었다는 점도 백제이두의 존재를 알려주기 때문에, 크게 주목할 필요가 있다고 한다.[16]

이후 그는 〈능산리 사면목간〉의 묵서분석을 통해, 6세기 백제인들이 신라보다 앞서 한자의 훈과 음을 빌려 우리말을 기록하는 석독(釋讀) 표기법을 개발했다는 놀라운 견해를 발표하였다. 그는 〈능산리 사면목간〉에 기록된, '小吏猪耳其身者如黑也'를 "작은 관리(小吏)인 '猪耳'는 그 몸(其身者)이 까무잡잡하다(如黑也)"고 풀이하고,[17] 작은 관리(小吏)의 이름인 '猪耳'의 '耳'를 말음표기로 주목하여, '猪耳'가 '도치(돼지)'로 석독(釋讀)되었음을 알 수 있다고 주장하였다.[18]

물론 이러한 견해가 타당한지에 대해서는 앞으로 국어국문학계에서 검토해야 할 몫이지만,[19] 백제의 목간자료가 백제의 이두(吏讀)나 시가(詩歌) 연구의 새로운 길을 열어놓았다는 점은 부정할 수 없다고 생각된다. 종래에는 백제의 문자생활에 관한 일차자료들이 부족하여 백제 이두는 가능성 정도로만 언급되었다. 그러나 기존의 백제 금석문에 덧붙여 목간의 출토사례가 증가하면서 백제어와 백제의 문자생활에 관한 보다 구체적인 연구가 가능하게 되었다. 앞으로 국어국문학계의 더 많은 관심과 연구가 기대된다.

국어국문학계뿐만 아니라, 서예사 연구자들도 목간자료에 크게 주목하고 있다. 목간은 육필묵적(肉筆墨蹟)이라는 점에서, 금석문 자료와는 달리 미세한 붓의 운필(運筆)까지도 확인이 가능하다. 고구려, 백제, 신라 등 삼국의 서체를 서로 비교하거나, 한국고대목간과 중국 · 일본의 서체들을 상호 비교하는 작업을 통해, 동아시아세계의 문화교류과정과 한국고대사회의 서풍(書風)을 이해할 수 있다.

최근 비교적 자형(字形)이 분명하고 글자 수가 많은 궁남지나 능산리 출토 백제목간을 활용하여, 백제의 서풍을 신라나 중국 남북조의 그것과 비교한 연구가 하나 둘 나오기 시작하고 있다.[20] 앞으로 서예사 연구자들의 활발한 검토가 있을 것으로 기대된다.

지금까지 살펴본 바와 같이 목간연구는 자료의 성격상 역사학뿐만 아니라, 고고학, 국어국문학, 서예사, 보존과학 등 여러 학문 분야의 전공자들이 함께 참여하는 학제간(學際間) 연구가 절실히 필요하다.

목간이 출토되면, 발굴자는 즉시 남아있는 묵흔을 사진 촬영하고, 목간의 출토지점이나, 공반유물 등 기본적인 출토상황에 대해 정리해두어야 한다. 이후 보존처리가 끝난 목간에 대해 역사학자, 서예학자 등과 함께 적외선촬영을 시도하면서 묵서 내용을 정확하게 판독하고, 목간의 성격, 출토유적의 역사적 성격 등을 논의하는 장을 만들어 나가야 한다. 한편 적외선촬영조건에 따라, 또 컴퓨터 그래픽의 편집방식에 따라, 묵서의 선명도에 큰 차이가 나기 때문에, 목간의 묵서판독을 위해서는 최신의 과학적 기법을 활용할 필요가 있다. 이러한 준비 작업이 제대로 진행되어 목간에 대한 학문적 기초가 축적된다면, 이는 발굴자들에게 애초 목간의 출토단계에서부터 더 많은 정보를 관찰할 수 있는 토대를 제공하는 효과를 낳게 된다.

지난 2007년 1월 9일 한국에도 출토목간의 신속한 보고와 체계적인 연구를 목적으로 하는 학술단체인 '한국목간학회'가 창립되었다. 필자도 이 학회에 참여하고 있으며, 목간연구의 발전을 위해 역사학, 고고학, 보존과학, 국어국문학, 서예학 등 관련분야의 연구자들이 함께 모여, 학제간 연구의 모범을 만들어가고 있다.

중국과 일본의 목간연구와 성과에 비한다면, 한국의 목간연구는 이제 걸음마 단계라고 할 수 있다. 그렇지만 관심 있는 많은 연구자들이 적극적으로 참여하고 있어, 한국 목간연구의 미래는 매우 밝다.

한국고대목간의 출토현황과 종류

1. 한국고대목간의 출토현황

한국고대목간은 신라의 수도였던 경주 안압지에서 1975년에 처음으로 발굴되었다.[1] 이후 전국 각지의 유적에서 출토사례가 증가해, 현재 묵서가 있는 목간만도 250점이나 된다. 90년대 이후부터는 거의 매년 목간이 출토되고 있는데, 이는 발굴건수가 증가한 때문이기도 하지만, 목재유물이 잘 보존된 '저습지(低濕地)'에 대해 고고학자들이 큰 관심을 갖기 시작하였기 때문이다. 이로 인해 과거 같으면 스쳐갔을 연못이나 배수로 등에 대해서도 정밀한 발굴이 이루어지고 있다.

〈표 1〉은 목간이 출토된 한국의 고대유적과 각각의 목간출토점수를 정리해본 것이다. 1991년에 발굴이 시작된 경상남도 함안 성산산성에서는 하나의 유적에서 무려 113점에 달하는 많은 목간이 출토되었다. 〈표 1〉에는 누계하지 않았지만, 2006년 12월 19일에 있었던 함안 성산산성 11차 발굴조사 현장설명회에서 34점의 목간이 추가로 보고되었다.

목간출토유적	(발굴연도)	목간연대	목간수 (묵서)		비고
창원 다호리	(1988)	기원전 1세기	△		筆, 削刀(書刀)
부여 능산리사지	(1992~2002)	백제 6세기 중반	24	(20)	削屑, 觚1
부여 관북리	(1983~2003)	백제 7세기	12	(10)	廢棄行程, 南朝尺
부여 쌍북리	(1998)	백제 7세기	2	(2)	量器, 唐尺
부여 궁남지	(1995~2001)	백제 7세기	11	(3)	觚1
함안 성산산성	(1991~2003)	신라 6세기 중반	113	(94)	題籤軸(?)
하남 이성산성	(1990~2000)	신라 6~7세기	29	(13)	觚4
경주 월성해자	(1984~1985)	신라 6~7세기	34	(29)	觚11
경주 황복사지석탑	(1942)	신라 706년	△		編綴竹簡(佛經)
경주 안압지	(1975)	신라 8세기	107	(69)	觚4
경주 박물관부지	(1998)	신라 8세기	4	(2)	
경주 황남동 376	(1994)	신라 8세기	3	(3)	
김해 봉황동	(2000)	신라	1	(1)	觚1(論語)
인천 계양산성	(2005)	신라	1	(1)	觚1(論語)
익산 미륵사지	(1980)	신라	2	(2)	觚2
창녕 화왕산성	(2005)	신라	3	(3)	觚(?)
합계 16개 유적			346	(252)	觚 25점 이상

*집계된 목간의 수량은 발굴보고서와 다소 차이가 있을 수 있음.

이를 포함하면 성산산성목간은 출토점수가 156점이며, 이 중 116점에
서 묵서가 확인되었다.[2] 현재 발굴이 진행 중이기 때문에, 앞으로 목간
이 더 출토될 가능성도 남아있다.

　성산산성목간의 발굴을 통해 한국고대에도 목간이 매우 광범위하게
사용되었음을 분명히 알 수 있게 되었다. 또 우리의 본격적인 목간연구

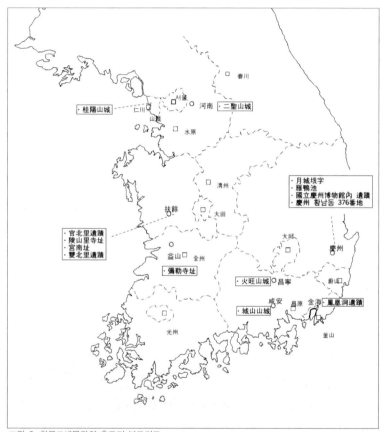

그림 6. 한국고대목간의 출토지 분포지도

도 실상 이 유적의 발굴이후부터 시작되었다고 말할 수 있다. 성산산성 목간은 묵서내용을 통해 목간의 제작연대가 6세기 중반(561년 무렵)임이 밝혀졌고, 또 목간의 형태나 기능 등에서도 고대일본의 7세기 목간으로 이어지는 요소를 지니고 있기 때문에, 고대 동아시아세계의 목간 전파과정과 관련해서도, 매우 중요한 역사적 위치를 차지한다. 성산산성목간의 발굴은 한국의 '목간학' 탄생을 알리는 기념비적 사건으로 영원히 기억되리라 생각된다.

한편 90년대 이후 해마다 전국 각지에서 목간이 출토되어, 북으로는 인천 계양산성 유적에서, 남으로는 김해 봉황동 유적까지, 현재 약 16개소의 유적에서 대략 400점(함안11차 조사 포함) 정도의 목간이 출토되었다. 이제 목간은 이미 수량 면에서 한국고대사자료에서 무시할 수 없는 존재가 되었다. 목간 출토점수가 이렇게 증가하고 있는 상황은 분명 학계에 희소식이지만, 이를 제대로 정리하고, 체계적으로 연구하는 학문적 노력은 그것을 따라잡지 못하고 있다.

앞서의 〈표 1〉로도 잘 알 수 있지만, 기원전 1세기에서 5세기 사이 한국고대사회의 초기 목간문화를 이해할 수 있는 자료들은 출토예가 거의 없다. 다행히도 고구려고분벽화에 서사(書寫) 관련 그림 자료가 남아있어, 이 긴 공백을 어느 정도 메울 수 있게 해준다.

6세기 이후의 고대목간은 현재 전국 각지에서 발굴되어 그 출토예가 계속 증가하고 있다. 백제는 능산리를 비롯해, 관북리, 쌍북리, 궁남지 등 백제의 마지막 도성이었던 충남 부여에서 50여 점 이상이 출토되었다. 한편 현재 발굴된 한국고대목간의 거의 대부분은 신라목간이다. 경주의 안압지, 월성해자와 같은 신라의 도성유적을 비롯해, 하남 이성산성, 함안 성산산성 등 지방의 관아유적에서도 목간이 발굴되었다.[3]

신라목간은 백제목간에 비해 출토점수도 많고, 목간출토 유적이 시대별로, 또 지역별로 골고루 분포하고 있다. 이로 인해 신라목간문화의 변천과정이나,[4] 목간제작이나 서사방식에 나타나는 지역별 차이까지도 연구가 진행되고 있다.[5] 앞으로 신라목간 출토점수는 더욱 증가하리라 생각되며, 그에 비례하여 신라사 연구도 더욱 발전할 것으로 기대된다.

한편 앞서 필자는 목간을 "문자를 기록하기 위해 만든 목제품"이라고 정의하였다. 그런데 문자가 쓰여 있지 않은 경우, 출토된 목제품이 문자를 쓰기 위해 제작한 것인지, 다른 용도의 목제품인지 구분하기 어려운 것도 있다. 〈그림 7〉의 목제품도 국립창원문화재연구소가 함안 성산산성 11차 발굴조사 현장설명회 자료에서 목간으로 소개한 것이지만,[6] 좀 더 주의할 필요가 있다.

현장설명회 자료에는, "목간으로 추정되는 1점(크기: 16.5×1.1×0.3 ㎝)은 소형의 완벽한 형태로 삼각형의 하단부 가장자리에 2개의 연속된 삼각형 홈이 만들어져 있다"고 소개되어 있다. 형태상으로는 상단 좌우

그림 7. 함안 성산산성의 부찰형 목제품

에 V자형으로 파낸 '결입부(缺入部)'가 있어, 어딘가에 매달기 위한 부
찰형목간[7]으로 충분히 볼 수 있다. 그러나 묵서가 없고, 아래 부분에 특
이한 톱날이 만들어져 있어 목간으로 판단하기에 주저되는 점도 있다.
이 목간의 용도와 관련해 다음의 목제품이 주목된다.[8]

〈그림 8〉의 목제품도
11차 발굴조사 현장설명
회 자료에 있는데, 크기

그림 8. 삼각톱날이 있는 목제품

는 소개되어 있지 않아 알 수 없다. 그런데 이 역시 상단의 형태는 부찰
형으로 되어 있고, 목기의 중간부터 하단부까지 삼각형의 톱날이 만들
어져 있다. 앞서 〈그림 7〉의 부찰형 목제품도 이러한 목기류와 일정한
관계가 있는 특수용도의 목제품일 수 있다.[9] 구체적으로 말한다면 그것
을 만드는 중간과정의 미완성품일 가능성을 배제할 수 없다.

  함안 성산산성 11차 발굴조사 현장설명회 자료에는 현재까지 출토된
목간의 수량이 제첨축(題簽軸)[10] 8점, 목간 148점 등 총 156점이 발견되
었고, 이 중 116점에서 묵서가 확인되었다고 소개되어 있다. 그런데 국
립창원문화재연구소에서 제첨축으로 소개한 8점은 어떤 것에도 묵서가
없다. 형태만을 보고 결정한 것이다. 그러나 그 중에는 형태조차도 과
연 제첨축으로 단정할 수 있을까 의심되는 것이 많다.[11] 따라서 문자가
없는 목제품을 목간으로 확정하는 데에는 각별한 주의가 필요하다. 참
고로 현재 일본과 중국학계에서는 목간의 정의에서 문자가 가장 중요
한 요소이다. 이로 인해 일본목간학회의 기관지인 『목간연구』에는 주

사위나 장기알 같은 것도 문자가 있으면 목간으로 보고되어 있다.

우리의 경우에는 순수한 서사재료가 아닌, 다른 용도로 사용하기 위해 만든 목제품에 문자가 있는 경우 이를 목간으로 볼 것인가에 대해 아직 합일된 바가 없다. 예를 들어 부여 능산리사지 출토 "남근형목간 (男根形木簡)"도 이러한 논의의 대상이 될 수 있다. 이것은 백제 사비도성의 '도제(道祭)'에 사용된 신물(神物)로 추정되기 때문에,[12] 문자가 쓰여있지만, 문자를 쓰기 위한 목적이 반드시 우선된다고 말할 수 없는 목제품이다.[13]

앞으로 목간의 정의에 대해 활발한 논의가 있어야겠지만, 한국고대목간의 다양한 쓰임새를 정확하게 알 지 못하는 현재로는 목간을 "문자가 있는 목제품"으로 정의하는 것이 차선(次善)의 답이 아닌가 생각된다. 또 목간을 보다 정확하게 정의하기 위해서는 기왕에 출토된 한국고대목간의 형태와 용도를 보다 체계적으로 분류하는 작업이 필요하다고 생각된다. 이를 위해서는 무엇보다도 한국고대의 목간문화를 중국, 일본 등 주변 동아시아의 목간문화들과 비교하면서 시기별로 그 특징을 조망해볼 필요가 있다.

2. 한국고대목간문화의 추이

1) 한국고대 초기(B.C.1C~5C) 목간문화

한반도에서 출토된 가장 오래된 목간은 평양 일대의 낙랑군 유적에서 발굴된 중국 한대(漢代)의 목간들이다. 일제시대 채협총(彩篋塚)에서 출토된, 사자(死者)에 대한 공헌물과 봉제자(奉祭者)를 기록한 목독(木牘)을 비롯해(그림 9 참조)[14], 해방 후에도 북한의 평양시 낙랑구역 일대의 발굴에서 『논어(論語)』의 제11권, 제12권 전문(全文)을 기록한 '대쪽묶음'이 수습되었다.[15] 후자는 북한에서 상세한 보고서가 출간되지 않아

확실하게 말할 수는 없지만, 『논어』를 필사한 한대의 편철죽간으로 추정된다.

한편 낙랑군치지로 추정되는 낙랑토성에서도 일제시대 이래 많은 '봉니(封泥)'가 출토되었다. 한대에는 문서목간의 개봉을 방지하기 위해 일반적으로 문서를 '검(檢, 상판덮개)'으로 덮고, 여기에 수신자를 기록한 뒤, 이를 끈으로 묶은 다음 진흙으로 봉인하였는데, 이 봉인용 진흙을 '봉니'라고 한다. 봉니에는 발신자가 봉인(封印)을 찍는다.

아래 〈그림 10〉의 좌측은 봉함목간인 〈검(檢)〉이 개봉되지 않은 채로 발견된 사례다. 우측 하단은 〈검〉이 개봉될 때 떨어져 나온 봉니이며, 우측 상단은 봉함목간인 〈검〉만을 별도로 예시한 것이

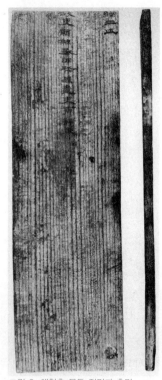

그림 9. 채협총 목독 전면과 측면

다. 〈검〉의 길이는 1척의 일반목간보다 짧은 것이 보통이며, 형태는 그림으로도 알 수 있듯이 각양각색이다.

또 〈검〉은 그림처럼 그 중간을 네모나게 파내는데, 이 파낸 홈에 봉니, 즉 진흙을 채운다. 이 부분을 '봉니갑(封泥匣)'이라고 부른다. 이 봉니갑에는 봉함하는 끈이 들어가는 두세 줄의 홈[溝]이 만들어져있다. 이 역시 문서의 기밀성을 유지하는 장치다. 봉함하는 과정을 순차적으로 설명하면, 〈검〉과 공사(公私)의 문서목간을 끈으로 묶고 그 위에 진흙을 채우고 봉인을 찍는다. 즉 끈을 풀면 봉니가 떨어지도록 되어 있다. 따라서 수신자는 봉함을 풀 때, 책임소재를 명확히 하기 위해 문서

를 배달한 자의 이름과 봉니의 인문(印文)을 〈검〉의 뒷면이나 앞면 하단에 기록해둔다.

현재까지 낙랑토성에서는 낙랑군 소속의 25현 중 22개현의 봉인이 찍혀있는 봉니들이 수습되었는데,[16] 각 현에서 낙랑군에 보낸 문서목간을 개봉할 때 떨어져 나온 것으로 추정된

그림 10. 봉함용 목간(檢)과 봉니

다. 이러한 봉니들은 낙랑군과 소속현이 서북한 지역을 지배하기 위해 상호 활발하게 문서를 수발하고 있었음을 말해준다. 앞서의 편철간이나 봉니들은 당시 낙랑군이 한의 내군(內郡)과 별 차이 없는 문서행정을 수행하고 있었음을 말해준다.

이처럼 한사군(漢四郡)의 진출로 인해 한국고대사회는 매우 일찍부터 중국의 목간문화에 접하게 된다. 그리고 기원전 1세기 무렵에는 이미 한반도의 정치체들도 한사군과의 교류와 교역에 직접 목간을 사용하였다. 이를 알려주는 유물이 앞서 〈표 1〉의 첫머리에 소개했던 경남 창원의 다호리 유적에서 출토되었다.

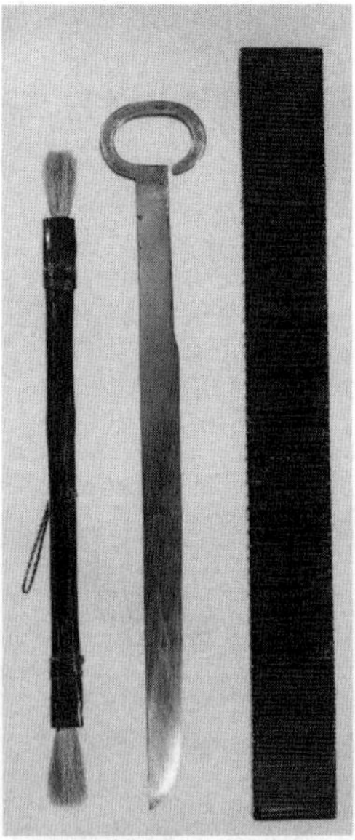

기원전 1세기 무렵의 유적인 창원 다호리의 수장 무덤에서는 필기구인 '붓' 5자루와 함께, 목간을 제작하거나 목간에 잘못 쓴 글자를 깎아낼 때 사용했던 칼인 '삭도(削刀)'가 발견되었다(그림 11 참조). 이 칼은 오늘날로 말하면 지우개와 같은 것으로 '서도(書刀)'라고도 한다. 목간은 묵흔을 칼로 깎아내면 정정(訂正)하거나, 재사용할 수 있는 장점이 있기 때문에, 문방구로서 삭도가 항상 따라다닌다.[17]

중국에서 발굴된 전국(戰國)시대 이래의 문방구 속에도 목간과 함께 삭도가 포함되어 있

그림 11. 창원 다호리유적의 붓과 삭도(복제품)

고, 한대(漢代)에 문서행정을 전담했던 하급관리를 '도필지리(刀筆之吏)'라고 부른 것도 칼과 붓이 당시 문방구를 대표하였기 때문이다. 비록 다호리 유적에서는 목간이 발견되지 않았지만, 목간은 부식되었을 가능성이 있고, 또 붓과 삭도만으로도 이미 목간의 존재를 강하게 암시하고 있다.[18]

더욱이 『위략(魏略)』에는, 1세기 초 진한(辰韓) "염사국(廉斯國)"의 수장(首長)도 중국말에 능숙한 인물로 묘사되어 있어서, 이 시기 한자문화의 수용은 창원 다호리 지역에만 국한되었던 것이 아니었음을 알 수 있다. 물론 이들 삼한의 정치체들이 사용한 한자는 내부적인 목적이 아니라, 중국 군현과의 교섭을 위한 것이었다. 낙동강 수계에 위치한 창원의 다호리지역도 중국 군현과의 교역로에 접해있었던 정치체였기 때문에 다른 지역보다 빨리 목간을 사용하는 서사문화를 수용하였던 것으로 추측된다.

이처럼 한국고대의 목간문화 수용은 중국 군현과의 관계에서 촉발된 측면이 강하다. 또 창원 다호리 지역처럼 중국 군현과 활발히 교역한 정치체들이 보다 빨리 목간문화를 수용하였다. 물론 이 붓과 삭도만으로는 창원지역의 정치체가 당시 어느 정도의 문자생활을 영위하였는지 알 수 없다. 그러나 이들의 문자생활이 비록 저급한 수준이었다고 하더라도, 이미 기원전 1세기 무렵에 한반도 남단에까지 붓, 삭도, 그리고 목간에 기초한 중국 한대의 서사문화가 전파되어 있었다는 점은, 이후 이러한 정치체를 바탕으로 성장한 한국고대국가의 문자생활과 그 수준을 이해하는데, 반드시 유념해야 할 대목이라고 생각된다.

한편 『삼국지(三國志)』로 알 수 있듯이, 3세기에는 삼한에만도 낙랑·대방군과 교역하는 자가 1,000여 명에 이르렀고, 이러한 교섭을 매개하였던 통역자의 존재도 확인된다. 따라서 기원전 1세기 이후부터 3세기까지 한국고대사회의 한자문화 수용은 더욱 확대되고 심화되었던 것이 분명하다. 그리고 이제는 한자 사용도 중국 군현과의 교섭에만 그치는 것이 아니라, 정치체 내부의 성장과 고대국가체제의 확립을 목적으로 하였다.

이를 잘 보여주는 것이 고구려와 백제의 고대국가 성장과정이다. 당시 고구려와 백제는 낙랑·대방군과 대치하고 있었고, 강력한 중국세력에 효과적으로 대항하기 위해 중국을 모델로 하는, 중국문화의 전반적인 수용을 통한 국가체제 확립을 지향하였다.[19]

고구려에서는 이미 3세기에 중국에서 문서를 관리하던 직책인 '주부(注簿)'라는 관직을 받아들여 왕권 강화를 추진하였다. 적어도 4세기에는 고구려사회에 중국의 전적(典籍)이 유통되고, 문서행정시스템을 적극적으로 도입하려는 시도가 있었을 것으로 추정된다. 이는 고분벽화에 그려져 있는 서사(書寫) 장면들을 통해 유추가 가능하다.

4세기 중반에 축조된 안악 3호분의 정사도(政事圖)에는, 묘주 좌우에 각각 두 사람의 예하 관인이 그려져 있다(그림 12 참조). '기실(記室, 문서기록담당)'이라는 직명이 주서(朱書)되어 있는 왼쪽 관인은 왼손에 목간을 들고, 오른손에는 붓을 들고 묘주의 말을 받아 적고 있다(그림

12의 상). 한편 '성사(省事, 문서낭독 담당)'라는 직명(職名)이 주서되어 있는 오른쪽 인물은 깔개 위에 무릎을 꿇고 두 손으로 문서를 든 채 보고하고 있는데, 성사의 손에 든 문서는 그 형태가 옆으로 긴 장방형이다. 그 안에 검은색으로 10개 이상의 세로선이 그어져 있고, 가로로는 2줄의 붉은 선이 그어져 있다 (그림 12의 하). 이러한 묘사로 볼 때, 성사가 들고 있는 문서는 목간 여러

그림 12. 안악3호분 정사도(政事圖)의 좌측과 우측

개를 두 줄의 붉은 끈으로 묶어 연결한 '편철간'을 표현한 것으로 추정된다.[20]

안악 3호분의 피장자는 중국에서 망명한 '동수(冬壽)'일 가능성이 높아, 이 그림이 당시 고구려의 현실을 반영한 것인가에 대해서는 논란이 있을 수 있다. 그러나 고구려가 313년에 낙랑·대방군을 멸망시켰고, 불교가 공인되기 전인 4세기 중반에 이미 고구려에는 진(晉)의 유명한 승려 지둔(支遁)과 편지를 주고받은 '도인(道人)'이 존재하고 있었다. 적어도 4세기 이후 고구려의 문자생활은 낙랑·대방군의 식자층(識字層)과 한대(漢代)의 서사문화를 흡수하면서 몰라보게 발전하였던 것으로 생각된다. 고구려의 '불교' 수용(372년), '태학(太學)'의 설치(372년), '율령'의 반포(373년) 그리고 한식 문장과 웅혼한 서체를 겸비한 '광개토왕비'의 건립(414년) 등은 모두 그러한 기초 위에서만 가능한 일이기 때문이다. 따라서 위 안악 3호분의 서사장면은 당시 고구려의 현실과 크게 동떨어진 것이 아니라고 생각된다.[21]

더욱이 국립대학인 '태학'이 설치된 4세기 후반 이후에는, 한자를 읽고, 쓸 수 있으며, 문서와 장부를 만들 수 있는 자가 고구려사회에 더 많이 배출되었을 것으로 생각된다. 앞서 언급하였지만, 북한의 평양시 낙랑구역에서는 『논어』를 서사한 한대의 편철죽간이 출토되었다. 둔황[敦煌]에서 출토된 죽간처럼, 이 평양의 죽간도 중국 내지에서 건너온 것이라고 볼 수 있다면, 역으로 낙랑·대방군에서 고구려나 백제 방향으로도 편철된 전적류들이 전승, 유통되었을 수 있다. 결국 안악 3호분의 서사장면처럼, 4세기의 고구려사회에서는 식자층들이 편철간을 사용해 중국문화를 익히고, 문서도 작성하였을 가능성이 매우 높다.

한편 백제는 450년에 남조의 송(宋)에 점을 치는 책인 『역림(易林)』과 '식점(式占)'을 요구한 사실이 『송서(宋書)』에 기록되어 있다. 또한 후대지만 『주서(周書)』에는 백제인이 음양오행(陰陽五行), 의약(醫藥), 그리고 점복(占卜)에 능하다고 기록되어 있다. 이로 볼 때, 5세기에 이미 백제 식자층들은 단순한 한자학습이나 유·불의 경전이해를 뛰어넘어, 도교, 의약, 점술 등 중국의 보다 다양한 문화를 섭렵하고 있었던 것으로 생각된다.

또 평양의 석암리 201호분과 205호분(王旰墓)에서 출토된 '식점'을 치는 도구인 낙랑군시대의 '식반(式盤)'에 주목할 때, 4~5세기 백제의 중국문화 이해과정에도 고구려처럼 낙랑·대방군과의 교류나 백제로 남하한 낙랑·대방계의 식자층들이 상당히 중요한 역할을 수행하였을 것으로 짐작된다. 후술하겠지만 6세기 이후 백제의 세련된 목간문화도 실은 백제가 이미 4세기 이전부터 중국의 간독문화에 접하였고, 그것을 보다 적극적으로 수용하였기 때문에 가능했던 것이 아닌가 생각된다.

4~5세기의 한국고대사회에 편철간이 유통되었을 것으로 추정되는 또 다른 증거로는 앞서 〈표 1〉에 소개한, 706년 무렵에 만들어진 신라의 죽간 뭉치가 있다. 이 죽간은 1942년에 경주 황복사지 3층석탑의 사리장치에서 발견되었다. 일제시대 이 석탑의 조사에 참여하였던 일본인 학자들은 이 탑 속에서 "죽편(竹片)"들을 많이 발견하였다. 그들은 이

대나무편들의 길이가 20㎝ 정도로 균일하고, 그 위에 묵서의 흔적이 보여, 『무구정광대다라니경(無垢淨光大陀羅尼經)』을 사경(寫經)한 것이 아닐까 추측하고 있다.[22]

같은 석탑 내에서 발견된 706년에 작성된 「황복사지삼층석탑사리함기(皇福寺址三層石塔舍利函記)」에도 분명히 『무구정광대다라니경』 1권을 석탑에 안치하였다고 기록되어 있어, 이 대나무편에 해당 불경이 묵서되어 있었을 가능성은 매우 높다.[23] 이 대나무편들은 현재 남아있지 않지만, 조사자들의 보고나 회고 등으로 볼 때,[24] 『무구정광대다라니경』을 사경한 편철죽간이 분명하다고 생각된다.[25]

필자의 이러한 추론이 허락된다면, 당시 신라에서는 식자층들이 죽간에 서사하고 편철하는 방식을 알고 있었던 것이 분명하다. 비록 당시 지목병용기인 신라에서 죽간에 사경하는 방식이 일상적인 것이 아니었다고 하더라도, 이러한 형식으로 사경을 시도할 수 있었던 기저(基底)에는 그 이전 시기 한국고대사회에서 편철간 형식의 전적류들이 널리 유통되었기 때문일 것이다. 황복사지에서 발견된 『무구정광대다라니경』을 서사했던 대나무편은 그러한 서사방식의 유제(遺制)이며 편린(片鱗)이라고 생각된다.

지금까지 낙랑군시대의 목독과 논어편철간, 기원전 1세기 무렵 다호리의 붓과 삭도, 4세기 고구려고분벽화에 보이는 편철간 등을 자료로 하여, 한국고대 초기목간문화를 추론하여 보았다. 한국고대사회에는 한사군의 진출로 인해 목간문화가 기원전 1세기경에 이미 유입되었다.

이후 3~4세기 고구려·백제사회에는 중국문화 이해와 국가체제 확립의 수단으로서, 편철간 형식의 전적류와 문서목간들이 유통되었다. 또 고구려·백제문화에 세례를 받은 후발 신라가 706년에 『무구정광대다라니경』을 죽간에 사경하였던 것도 한국고대사회에 편철간문화가 선행하였다는 방증자료라고 생각된다.

한국고대 초기목간문화를 제대로 이해하기 위해서는 둔황, 낙랑 등 한대 변군(邊郡) 지역의 간독문화를 비롯해, 이후 낙랑·대방군 지역의 3~5세기 서사문화, 그리고 6~7세기 백제, 신라의 변화된 중~후기 목간문화까지도 통섭(統攝)하는 폭넓은 시각이 필요하다고 생각된다. 그러나 현재 창원 다호리유적 이후 5세기까지, 이 시기의 목간문화를 이해할 수 있는 유물은 너무나도 부족하다. 이 공백기를 메울 새로운 목간자료의 출현을 기대해본다.[26]

2) 한국고대 중기(A.D. 6~7C) 및 후기(8~9C) 목간문화

현재 발굴된 한국고대목간의 대부분은 6세기 이후 백제와 신라에서 제작된 것이다. 특히 신라목간이 월등히 많다. 백제목간은 사비도성이었던 부여에 집중되어 있지만, 신라목간은 중앙과 지방의 유적 모두에서 출토되어, 서사문화에 대한 총체적인 이해가 가능하다. 또 월성해자와 안압지목간은 각각 '6~7세기'와 '8세기 이후'로 목간제작연대가 명확하기 때문에, 한국고대목간문화의 시기별 변화과정을 추론할 수 있는 매우 중요한 유물이다.[27]

이와 관련하여 안압지목간에 비해 월성해자목간에는 별다른 가공 없이 나무가지의 껍질만 벗긴 채 사용한 '원주형목간'이나(그림 13 참조), 단면이 4각형 내지 3각형인 막대형태의 '다면목간(多面木簡)'의 비중이 매우 높다는 점이 주목된다(그림 14 참조).

앞서의 〈표 1〉로도 알 수 있지만, 6~7세기에 제작된 월성해자목간에는 전체 29점의 묵

그림 13. 원주형목간   그림 14. 다면목간의 각 면

서목간 중에 원주형목간과 다면목간이 11점이나 된다. 특히 원주형목간 중에는 6행에 걸쳐 묵서된 것도 확인된다.[28] 이에 비해 8세기 이후에 제작된 안압지목간에는 이러한 원주형목간과 다면목간이 69점의 전체 묵서목간 중 단 4점에 불과해, 그 활용도가 급격히 줄어들고 있었다는 것을 쉽게 알 수 있다.

다면목간은 중국에서 기원한 것으로 한대(漢代)에는 '고(觚)'라고 불리어졌다. 중국 둔황[敦煌]과 쥐옌[居延]에서 발견된, 초학자(初學者)들의 학습서인『급취편(急就篇)』이 기록된, 한대의 〈고(觚)〉 목간으로 잘 알 수 있듯이, 이러한 형태의 다면목간은 어떤 면의 글자를 읽거나 외

그림 15. 한대(漢代)의 고(觚)

울 때 다른 면의 글자가 보이지 않기 때문에, 초학자들의 학습과 암기용으로 널리 활용되었다.[29]

『급취편』이 기록된 한대의 〈고〉 목간 중에는, 오늘날 학습용 카드 여러 장을 링으로 연결하기 위해 구멍을 뚫어놓은 것처럼, 〈고〉 목간의 상단 마구리를 비스듬히 깎아내고, 그곳에 여러 개의 〈고〉 목간들을 서로 연결하기 위해 구멍을 뚫고, '제일(第一)'이라고 일련번호를 기록한 것도 확인되었다(그림 15 참조).

그런데 이 『급취편』 목간은 단면(斷面) 삼각형의 삼면목간인데, 각 면마다 21자, 전체 63자가 기록되어 있다. 『급취편』은 매 구(句)가 7자씩이며, 9구가 1장(章)을 이룬다. 위 목간은 각 면마다 21자 3구씩, 전체 3면에 63자 9구가 기록되어 있다. 즉 하나의 삼면목간이 『급취편』 1장으로 구성되어 있다. 위 목간 외에도 『급취편』 목간이 더 발굴되었는데, 2행으로 된 것도 한 행은 32자, 다른 한 행은 31자로 기록되어 있어서,[30] 63자 9구 1장을 하나의 목간에 기록하려는 의도성이 엿보인다.

한국에서도 이러한 〈고〉 형식의 학습용 다면목간이 인천 계양산성 유적과 김해 봉황동 유적에서 발굴된 바 있다. 우선 인천 계양산성의 다면목간은 4세기대의 '백제목간'으로 보고되었지만,[31] 서체나 공반유물로 볼 때, 4~5세기 한성시기의 백제유물로 보기는 어려운 점이 있다. 앞으로 층위조사나 공반유물과 다면목간의 상관관계 등을 더욱 세밀히 검토해야 되겠지만, 김해 봉황동에서 출토된 신라의 논어목간과 형태나 용도, 서체 등에서 연결되는 측면이 많아 신라목간이라고 생각된다.[32]

인천 계양산성 목간은 단면 오각형의 오면목간인데, 상·하단이 파손되어 전모를 알 수는 없지만, 현존 길이는 14cm이고, 각 면의 폭은 1.5cm이다. 다섯 개 면에 『논어』의 '공야장(公冶長)' 편이 기록되어 있다 (그림 16 참조).[33]

한편 김해 봉황동 논어목간에도 계양산성 목간과 마찬가지로 『논어』

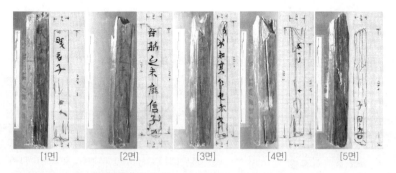

[1면]　　　[2면]　　　[3면]　　　[4면]　　　[5면]

그림 16. 인천 계양산성 출토 논어목간

[1면]　　　　　[2면]　　　　　[3면]　　　　　[4면]

그림 17. 김해 봉황동출토 논어목간

의 '공야장' 편이 기록되어 있다. 이 목간은 단면 사각형의 사면목간인
데, 아쉽게도 상하단이 파손되어 전모를 알 수 없다. 현존 길이는 20.9
cm이다(그림 17 참조). 이 목간의 제작연대는 출토층위가 불확실해 명
확하지 않지만, 대체로 6~7세기대의 것으로 보고있다.

  인천 계양산성과 김해 봉황동에서 출토된 논어목간은 다면목간이라
는 점에서, 앞서 검토한 『급취편』이 기록된 한대의 〈고〉 목간들과 형태
나 기능상으로 분명히 맥이 닿아있다고 생각된다. 이는 한국고대의 초
기목간문화가 중국 한대(漢代)의 목간문화에 직접적인 영향을 받아 성

립하였다는 앞서의 추론을 도와준다.

더욱이 이 논어목간들의 원형을 복원해보면, 이점은 더욱 분명해진다. 예를 들어 김해 봉황동 출토 논어목간은 각 면이 아래와 같이 판독된다.

〈김해 봉황동 논어목간의 판독안〉

1면 : □不欲人之加諸我吾亦欲無加諸人

2면 : 文也子謂子産有君子道四焉其行□

3면 : 已□□□色舊令尹之政必以告新□

4면 : 違之何如子曰淸矣□仁□□曰未知

봉황동 논어목간은 상하단이 파손되었지만, 각 면의 아래 위에 『논어』 '공야장' 편의 해당내용을 덧붙여보면 다음 〈그림 18〉의 왼쪽과 같이 각 면의 현존 묵서 부분이 거의 동일한 위치에 나란히 배치됨을 확인할 수 있다. 이는 인천 계양산성의 논어목간도 마찬가지로 나타난다(그림 18의 오른쪽 참조).

김해 봉황동 논어목간은 현존길이가 20.9cm에 불과하지만, 위 복원안대로 원형을 복원하면 그 길이가 1m 이상이나 되는 장대한 목간이 된다.[34] 결국 이 목간들은 단순히 논어를 발췌, 습서한 것이 아니라, 논어 전편을 모두 기록한 전적목간 셋트 중의 일부였다고 생각된다. 봉황동 논어목간의 경우 같은 크기의 사면목간 3개만 있으면, 논어 '공야장'

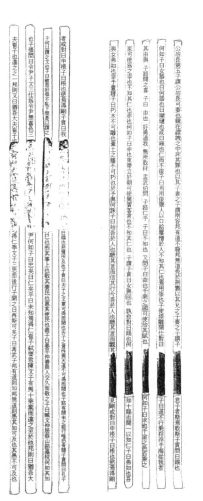

그림 18. 고대 논어목간의 복원: 김해 봉황동(좌)
인천 계양산성(우)

편을 모두 완결할 수 있다.[35]

이는 앞서 한대의 『급취편』 목간에서 삼면목간 하나에 1장씩 내용을 완결적으로 기록하고, 각 장들이 기록된 목간 한 벌을 끈으로 연결해 전적(典籍)의 내용을 완비하였던 방식과 유사한 측면이 있다. 또 중국 한대(漢代)에 '유교경전(儒敎經典)'을 기록한 목간이 일반적인 문서나 장부를 기록한 목간보다 길이가 더 길게 제작되었던 점도 한국 고대의 〈논어목간〉이 다른 목간들보다 장대한 것과 관련하여 유념할 필요가 있다.[36]

필자가 과문(寡聞)한 탓인지는 몰라도, 현재까지 발굴된 일본의 고대목간에는 이처럼 전적(典籍) 전체를 기록한 목간은 출토예가 없다. 이로 볼 때 한국고대의 초기·중기 목간문화는 목간을 주로 간단한 메모용으로만 사용했던 7세기 말 이후 고대일본의 목간문화와는 분명히 단층이 있다고 생각된다.

한편 부여 능산리사지 그리고 경주 월성해자와 안압지에서 출토된 다면목간으로 볼 때, 한국고대사회에서는 이러한 다면목간이 문서목간으로도 많이 활용되었음을 알 수 있다. 예를 들어 사면목간 여러 개를 한 벌로 묶어, 육부(六部) 별로 각 리(里)에서 '受(받은 것)'와 '不(받지 않은 것)'을 정리한 것으로 추정되는 〈월성해자 151번목간〉을 비롯해,[37] 다음 장에서 상세히 검토하겠지만, 백제에서 '지약아식미기(支藥兒食米記)' 장부를 만들기 전에 메모나 중간단계의 장부로 사용했던 〈능산리 사면목간〉 등은 이러한 점을 잘 보여주는 대표적인 예라고 하겠다.[38]

중국 한대에도 다면목간은 초학자의 학습용뿐만 아니라, 국가의 공문서로도 사용되었다. 예를 들어 1974년 쥐옌의 갑거후관(甲渠候官) 유적에서 발견된 〈후사광덕좌죄행벌격(候史廣德坐罪行罰檄)〉도 목간의 형태가 다면목간이다 (그림 19 참조).[39] '격(檄)'의 원래 뜻은 목간의 길이를 늘려 서사할 공간을 확대한 것을 말한다. 이는 군(軍)의 명령을 하나의 목간에 써서

그림 19. 후사광덕좌죄행벌격 (候史廣德坐罪行罰檄)

문서전달의 편리와 완결성을 도모하기 위해서였다.[40] 〈후사광덕좌죄행벌격〉도 길이가 무려 130cm인데도 내용을 하나의 면에 다 쓸 수가 없어, 목간의 단면이 삼각형이 되도록 다면목간 형태로 만들어, 두 면에 걸쳐 서사하고 있다.[41]

특히 이 〈격〉 목간은 신라의 〈논어목간〉처럼, 중국 한대에도 하나의 목간에 서사내용을 완결하기 위해, 목간을 〈고〉 형식의 다면체로 만들고, 길이도 1m 이상으로 늘린 경우가 있었음을 실물로 보여주고 있다. 이로 미루어본다면 한국고대사회에서 〈논어목간〉을 다면목간 형식으로, 또 길이도 1m 이상으로 장대하게 제작한 이유를 분명히 알 수 있으며, 그 연원이 한대의 간독문화에 있다는 점도 보다 명확해졌다고 생각된다.

지금까지 검토한 다면목간에 대한 분석을 종합해볼 때, 목간을 '다면' 또는 '원주형'으로 제작한 이유는 목간의 서사공간을 늘리기 위한 방도에서 비롯된 것이라고 보는 것이 가장 합리적이라고 생각된다. 현재 출토된 한국고대의 묵서목간은 250점 정도에 불과한데도 앞서 〈표 1〉로 알 수 있듯이 전국의 유적에서 고르게 다면목간이 25점 이상 출토되었다.[42] 이는 그만큼 이러한 다면목간이 한국고대사회에서 널리 사용되었음을 의미한다. 특히 월성해자와 안압지목간을 비교해볼 때, 다면목간은 6~7세기에 월등히 많이 사용되었고,[43] 8세기 이후에는 현격히 축소, 소멸되어 갔다고 생각된다.

이러한 다면목간이나 원주형목간은 단독목간 대여섯 개를 끈으로 묶은 편철간과 동일한 효과를 발휘한다. 한반도 역시 6~7세기에는 지목병용기였기 때문에 편철간의 지속은 상정할 수 없지만, 편철간을 경험한 전통 속에서 그 특성을 살릴 수 있는 다면목간을 활발히 제작했다고 볼 여지는 충분히 있다. 즉 6~7세기의 낮은 종이 보급도와 관련하여 다면목간이나 원주형목간이 아쉬운 대로 편철간이나 종이대용으로 널리 애용되었을 것으로 생각된다. 〈월성해자 151번목간〉으로 볼 때, 특히 하나의 목간에 많은 내용을 담아야 되는 중간정리용 관청장부나 문서용으로 널리 사용되었다.

삼국 중에서도 신라는 한자문화권의 가장 변방에 속한다고 할 수 있는데, 이 신라조차도 '영일냉수리비(迎日冷水里碑, 503년)'로 알 수 있듯이, 이미 6세기 초에 한자를 사용해 '왕명[教]'과 사법판결 등을 문서 형식으로 전달하고 보존하는 초보적인 문서행정을 시행하고 있었다.[44] 따라서 고구려나 백제에서는 종이보급이 일반화되기 이전에도 이미 편철간이나 목간을 활용한 문서행정이 일정 수준에 도달해 있었다고 생각된다.

그런데 한반도에서 목간문화가 건너간 일본에는 현재 목간 출토점수가 무려 30만점을 상회함에도, 다면목간의 출토예는 극히 희귀하다. 원주형목간은 필자가 확인한 바로는 아예 한 점도 보고된 사례가 없다. 따라서 다면목간과 원주형목간은 한국고대 목간문화를 대표하는 중요한 특징 중의 하나라고 생각된다. 월성해자와 안압지목간의 대비로 본다면, 특히 6~7세기 한국고대의 중기 목간문화를 상징하는 유물이라고 말할 수 있다.

 앞서 설명하였지만, 한반도에는 이미 기원을 전후한 시기에 중국 한대의 간독문화(簡牘文化)가 전파되었다. 고구려고분벽화에 보이는 '편철간' 그림이 잘 말해주고 있지만, 종이가 일반화되기 이전인 4~5세기의 고구려나 백제에는 중국 한대의 간독문화에 직접적인 영향을 받은 식자층들이 편철간을 이용해 중국문화를 학습하였고, 자국의 체제정비에 박차를 가하였다. 그러나 일본지역은 목간이 7세기말 이후의 유적에서 발굴되며, 이 시기는 이미 종이가 보급되어 지목(紙木)이 병용(倂用)되었던 시기였다. 현재 일본에서는 편철간은 고사하고 단독의 죽간조차 발견된 사례가 없다.

 한반도와 일본 사이에는 이처럼 목간서사문화의 낙차가 존재한다. 한국고대사회가 중국 한대의 편철간시대부터 종이시대까지를 모두 경험했다면, 일본에는 한반도에서 지목이 병용되던 7세기 이후의 목간사용법이 전파되어 갔다. 8세기 이후의 안압지목간과 일본 고대목간의 형태와 기능이 유사한 것도 바로 이 때문이다.

 한국고대의 다면목간은 편철간시대와 지목병용시대의 중간적 특징을 지닌 유물이 아닌가 생각된다. 중국 한대의 '편철간문화(編綴簡文化)', 고대일본의 '단책형목간문화(短册形木簡文化)'와 대비되는 한국고대의 '다면목간문화(多面木簡文化)'를 제창하고 싶다. 다면목간은 고대동아시아 목간문화에서 한반도가 차지하였던 역사적 위상을 잘 보여준다.

 한편 8세기 이후의 유적인 안압지에서 출토된 목간에는 고대일본의 목간들처럼 부찰형목간이 압도적으로 많고, 다면목간의 비중은 현격히 떨어진다. 지목이 병용되었던 이 시대에는 많은 양의 정보는 종이에 서사되었다. 문서목간도 대체로 납작한 형태의 단독간에 간단한 메모나 발췌를 한 것이 대부분이다. 일본의 쇼소인(正倉院)에 소장되어 있는 신라의 종이장부들인, 「녹봉문서」나 「공물문서」는 작성연대가 안압지 목간과 겹치는 8세기 중반으로 추정되고 있으며, 그 기재형식상 6~7세기대의 중간정리용이나 장부용 다면목간을 대체해간 흔적을 발견할 수 있다.[45] 결국 한국고대사회에서 다면목간은 편철간의 변형된 형태로 잔존하다가 종이의 일반화 추세 속에서 사라져갔다고 생각된다.

3. 한국고대목간의 형태별 분류

한국고대의 목간을 분류하고, 그 종류를 이해하는 것은 목간이 한국 고대사회에서 어떻게 활용되었고, 또 어떤 기능을 수행하였는가를 추적하는 작업이다. 그런데 우리는 출토된 고대목간의 양이 적고, 이에 대한 연구의 역사 또한 매우 짧기 때문에, 한국고대목간을 체계적으로 분류하고, 보다 심층적으로 연구하기 위해서는 중국과 일본의 목간연구에 반드시 귀 기울일 필요가 있다. 중국과 일본의 고대목간과 그 분류방식은 한국고대목간의 종류와 기능을 이해하는 좋은 비교자료들이라고 생각된다.

중국의 경우에는 한대(漢代)에 사용되었던 여러 종류의 목간 용어들,

예를 들어 간(簡), 고(觚), 검(檢), 갈(楬), 격(檄) 등을 현재에도 그대로 분류기준으로 활용하고 있다. 이러한 어휘들은 목간의 형태나 용도, 어느 하나만을 기준으로 삼은 것이 아니라, 두 가지가 함께 뒤섞여있다. 예를 들어 〈고(觚)〉라는 용어는 목간의 형태를, 〈검(檢)〉은 목간의 용도와 형태까지도 알려준다. 한편 일본의 경우에는 고고학적 관점에서 '형식번호'를 사용해 목간의 형태를 아주 세세하게 분류하고 있는 점이 특징이다.[46] 이로 인해 일본학계에서는 목간을 형태별, 용도별로 각각 별도로 분류하고 있다.

한국학계에는 아직 목간분류에 관한 구체적인 기준이 마련되어 있지 않다. 이로 인해 연구자들 간에 동일한 사항에 대해서도 서로 다른 용어를 사용하는 등, 의사소통에 많은 어려움이 있다. 필자는 앞서 검토한 한국고대목간문화의 시기별 추이에 유념하고, 또 중국과 일본학계의 목간분류법을 참고해, 한국고대목간을 분류하는 시안을 제시해보고자 한다.

중국학계의 목간분류법은 형태와 용도가 혼합되어 있지만, 목간의 용도가 보다 본질적인 기준이라고 할 수 있다. 그러나 목간은 애초 그 용도와 목적에 맞게 제작되기 때문에, 목간의 "형태"를 통해서도 목간의 용도와 그 기능을 추론할 수 있다.

예를 들어 부찰형목간은 '구멍'이나 '결입부(缺入部)'가 있는 특수한 형태의 목간인데, 이러한 형태적 요소는 이 목간을 어딘가에 매달거나, 휴대하거나, 편철하기 위한 목적과 관련이 있다. 또 원주형목간, 다면목간, 방형목간은 서사할 공간을 늘리기 위해 서사(書寫)할 면(面)을 특별히 확대하거나, 많이 만든 것들이다. 결국 목간의 형태는 목간의 기능이나 용도와 밀접히 연결되어 있다. 따라서 목간의 형태는 목간의 용도를 이해하는데, 절대적으로 필요한 요소 중의 하나라고 생각된다.

목간의 길이나 형태에 주목하여, 그러한 목간을 제작한 사람들을 상상하고, 이를 기초로 목간제작의 목적과 그 기능을 꿰뚫어볼 수 있다면, 목간의 형태적 요소 역시 당시의 역사상을 이해하는 소중한 정보라고 할 수 있다. 또 목간에 묵서가 지워졌거나, 판독이 불분명해 해석에 어려움이 있는 경우, 목간의 형태는 목간의 용도와 기능을 유추하는 가장 중요한 단서가 될 수도 있다. 결국 목간을 형태별로 분류한다는 것은 물질 자체의 특성을 대상화하는 고고학적 방법론과 통한다.

이처럼 목간의 형태에 대한 연구 역시 목간의 기능과 역사성을 복원하는 작업이라고 할 수 있다. 목간의 형태적 제 요소와 그에 관한 정보들이 체계화된다면, 목간을 제작하고 사용하고 폐기했던 목간의 일생을 추적할 수 있으며, 이는 당시의 서사문화를 이해하는 기초를 제공한다. 이에 필자는 한국고대목간을 형태와 용도별로 각각 나누어서 그 종류를 검토해보고자 한다. 우선 아래는 한국고대목간을 형태별로 분류해본 것이다.

〈한국고대목간의 형태별 분류〉

1. 편철간(編綴簡)

2. 단독간(單獨簡)

　2-1. 세장형목간(細長形木簡)

　2-2. 다면목간(多面木簡)

　2-3. 원주형목간(圓柱形木簡)

　2-4. 방형목간(方形木簡)

　2-5. 부찰형목간(附札形木簡)

　2-6. 기타형식목간(其他形式木簡)

3. 목간부스러기(木簡削屑)

　중국은 목간을 크게 〈간(簡)〉과 〈독(牘)〉으로 구분하는데, 이를 현대어로 옮기면 〈간〉은 '편철간', 〈독〉은 '단독간'의 범칭이라고 할 수 있다. 편철간은 여러 〈간〉들을 연결해 서사할 양이 많은 전적(典籍)이나 문서, 장부 등을 기록한 목간을 말한다. 일반적으로 대나무로 만들지만, 대나무가 자라지 않는 건조지대에서는 일반나무로도 제작한다.

　한국고대목간문화의 추이로 볼 때, 한국고대에도 목간의 종류 속에 편철간의 범주화가 필요하다고 생각된다. 왜냐하면 우선 첫째로 평양 낙랑구역 출토의 〈논어편철죽간〉처럼 중국이나 변군에서 자체 제작된 편철간들이 한국고대사회로 수입, 유통되었을 수 있다. 둘째로 고구려 고분벽화에 보이는 편철간처럼, 4~5세기 한국고대사회에서도 직접 편철간을 제작하였을 가능성이 있다. 마지막으로 황복사지 3층석탑에서 발견된 죽간 뭉치처럼, 지목병용기 이후에도 과거의 유제와 편린의 형태로 편철간이 제작되었을 수 있기 때문이다. 낙랑·대방군의 서사문화까지도 포괄하는 한국고대목간문화를 상정한다면 더더욱 그러하다.

목간을 편철해 책(冊)을 만들기 위해서는 목간의 크기가 일정할 필요가 있다. 한대(漢代) 편철간의 표준길이는 당시의 척도제와 연동되어 대체로 1척(一尺, 23㎝)으로 만들어졌다. 이로 인해 당시에는 편철간을 '척독(尺牘)'이라고 불렀다. 목간이 이렇게 일정한 길이로 제작되면서, 목간의 '길이'가 목간의 격(格)을 결정하는 요소로 표상된다. 예를 들어 경전(經典)의 가치를 차별화하고 돋보이게 하기 위해 『춘추(春秋)』는 2척4촌, 『효경(孝經)』은 1척2촌 등 일반 목간보다 길게 만들었다.[47]

또 '척일조(尺一詔)'는 일반문서가 '1척' 길이인데 비해, 황제(皇帝)의 문서인 조(詔)는 그보다 긴 '1척1촌(尺一)'의 목간을 사용한 데서 생긴 말이다. 1척의 일반문서에 황제의 1척1촌 문서가 함께 편철되면, 황제 문서가 일반문서보다 위로 '대두(擡頭)'되어 그 권위가 시각적으로 돋보이게 된다. 『사기(史記)』 흉노전(匈奴傳)에는 한나라 황제가 흉노선우(單于)에게 1척1촌의 문서를 보냈는데, 당시 군사적, 외교적으로 우위였던 흉노선우가 1척2촌의 답신을 보내, 중국 황제를 우롱했던 사례도 기록되어 있다.

한국고대사회에도 중국 한대의 목간처럼 목간 크기에 일정한 규격이나 제한이 있었을까? 이와 관련하여 6세기 이후 백제의 목간이 "당시의

척도제와 연동되어" 일정한 길이로 제작되었다는 견해가 제기된 바 있다. [48]

한대(漢代)의 목간 길이는 국왕문서의 확립, 문서행정의 상명하달(上命下達), 그리고 경전(經典)의 권위체계 등 국가이데올로기의 확립과 관련되어 있었기 때문에, 공적 차원에서 일정한 규격성이 유지될 수 있었다. 그러나 6~7세기 이후 한국고대사회에서는 목간이 종이로 대체되어 갔기 때문에, 오히려 이때부터는 종이문서에 표현하는 권위체계인 '공궐(空闕)'이나 '평출(平出)' 등이 점차 수용되었을 것으로 짐작된다. [49]

따라서 6세기 이후 한국고대사회에서는 목간을 일정한 길이로 제작하는 규제나 규율이 작동할 여지가 희박했다고 생각된다. 셋트로 만들어진 유사한 용도의 단독간들이 똑같은 길이로 제작되었을 수는 있지만, 그것을 가지고 당시 목간이 척도제를 염두에 두고 일정한 길이로 제작되었다고 말할 수는 없다. [50] 편철간이 사라지고, 일반적인 서사재료로서의 지위를 종이에 넘겨준 6세기 이후의 단독간 시대에는 제작자에 의해 그때그때 용도에 맞게 제각각의 길이로 목간이 만들어졌다고 보는 것이 보다 합리적이라고 생각된다.

한편 목간 하나하나가 단독으로 기능하였던 '단독간(單獨簡)'은 사용목적에 따라 여러 형태로 제작되었다. 우선 '세장형목간(2-1)'은 목간의 폭이 좁고 긴 가장 일반적인 기본형 목간을 말한다. 일본에서는 이를 '단책형(短册形)'이라고 부른다. 그 외 '원주형목간(2-2)'과 '다면목간(2-3)'은 앞서 한국고대목간문화의 시기별 추이 속에서 자세히 검토하였기 때문에 달리 설명이 필요 없다고 생각된다.

'방형목간(2-4)'은 하나의 목간에 많은 양을 기록하기 위해 목간의 가로 폭을 의도적으로 넓힌 것을 말한다. 중국학계에서 〈독(牘)〉은 협의의 의미로는 가로 폭이 넓은 목간을 말한다. 그런데 〈방(方)〉은 〈독〉보다 가로 폭이 더 넓어, 가로와 세로의 길이가 같거나, 세로보다 가로가 훨씬 더 긴 목간을 가리킨다. 〈방〉의 사례로는 쥐옌에서 발굴된 한선제(漢宣帝) 원강(元康) 5년(B.C. 61) 4~5월의 달력을 기록한 목간이 있다(그림 20 참조).

그림 20. 중국 쥐옌(居延) 출토의 〈방(方)〉

경주 월성해자에서도 〈방형목간〉이 출토되었다. 이 목간은 폐기할 때 특이하게도 의도적으로 횡으로 절단하고, 절단된 부분의 가운데를 다시 요(凹)의 형태로 오목하게 잘라냈다(그림 21 참조). 현재 그 기재내용을 정확하게 알 수는 없지만, 중국 쥐옌의 〈방〉처럼 가로로 여러 행의 묵서가 앞, 뒷면에 나열되어 있었던 것은 분명하다. 폐기행정(廢棄

그림 21. 월성해자 157번 목간(방형목간의 사례)

行程)으로 볼 때 문서목간이었다고 생각되며, 묵서 중에 '훼(喙)'나, '부인(夫人)' 등이 확인되는 점으로 보아, 혹 소속 부(部)와 인명이 나열된 장부가 아니었을까 생각된다.

그런데 8세기 초에 제작된 일본의 '나가야왕가목간(長屋王家木簡)' 중에도 신라의 방형목간과 동일한 형식의 장부목간이 출토된 바 있다. 아래의 그림으로 알 수 있듯이 고대일본의 방형목간도 신라의 방형목간처럼 횡으로 절단·폐기되었고, 앞·뒷면에 모두 묵서가 있다. 신라와 고대일본 공히 방형목간의 용도나 폐기행정(廢棄行程)에 유사성이 발견된다.

다음으로 '부찰형목간(2-5)'은 사람이나 물품(세금, 문서·장부) 등에 부속(附屬)된 목간으로, 기능상 사람이 휴대하거나, 물품에 매달기 위한 장치가 있다. 상단이나 하단 어느 한쪽이나 양쪽 모두에, 끈으로 묶기 위한 '구멍'이나 '결입부(缺入部)' 등이 있는 것이 가장 일반적인 형식이다(앞서 〈그림 2〉 오른쪽 자료를 참조바람). 간혹 물품에 찔러넣기 위해 하단부를 날카롭게 첨형(尖形)으로 뾰족하게 만든 것도 있는

그림 22. 고대일본의 방형목간[長屋王家 木上司進米帳簿木簡] 앞·뒷면

데, 이 역시 물품에 부속시키기 위한 장치라고 할 수 있다. 또 안압지에서 출토된 신라의 부찰형목간 중에는, 단면 삼각형으로 삼면에 걸쳐 묵서가 있는 특이한 〈다면부찰형목간(183번)〉이나, 여러 행을 기록할 수 있는 〈원주형부찰형목간(229번)〉도 있다.

부찰형목간은 한국고대사회에서 매우 다양한 용도로 사용되었기 때문에, 앞으로 여러 종류의 형식들이 출토될 수 있다고 생각된다. 따라서 부찰형목간은 그 하위에 별도의 형식분류체계를 만들 필요가 있다. 이러한 형식분류를 통해, 용도별로 어떠한 형태나 크기의 부찰형식들이 선호되었는지도 조사할 수 있다고 생각된다.

한편 한국고대 부찰형목간을 이해하는데 필요한 중국의 부찰형목간들을 소개하면 다음과 같다. 우선 첫 번째로 〈갈(楬)〉이 있다. 〈갈〉은 일반적으로 목간의 상단 부분을 둥그스름하게 만들고, 상단 머리에 사선(斜線)의 격자문양을 그려 넣은 것도 있다. 〈갈〉은 끈으로 물품에 묶어 매달 수 있도록 상단 중앙에 '구멍'이나, 양 측면에 V자형으로 결입부를 만들었다. 〈갈〉에는 부착된 해당 문서나 장부의 이름, 또는 물품의 이름을 기록했다.

이 책의 서두에서 〈그림 2〉에 소개한 중국 편철간 그림자료에서 제일 좌측에 길이가 짧은 조그마한 목간이 바로 〈갈〉이다. 이 〈갈〉의 상단머리를 자세히 보면 사선의 격자문양이 그려져 있고 끈으로 묶기 위한 구멍이 있음을 알 수 있다. 구멍 아래에는 문서명(文書名)이 기록되어 있다. 즉 이 〈갈〉은 옆의 편철간(문서목간)에 매달려 오늘날로 말하면 문

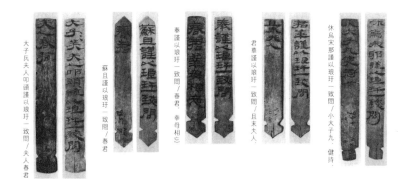

그림 23. 진(晉)의 알(謁)

서의 '표지' 기능을 한 목간이었다. 부여 관북리유적에서 출토된 백제
의 부찰형목간 중에도 중국의 〈갈〉과 같이, 문서의 표지용으로 사용된
목간이 확인된다.

두 번째는 〈알(謁)〉이다. 〈알〉은 방문(訪問)이나 면회(面會) 때 자신의
이름이나 예물을 써서 상대방에게 제출하는 오늘날의 명함과 비슷한
기능을 하며, '자(刺)'로도 불렸다. 육조시대에는 무덤에서 발견되기도
하는데, 피장자에게 바치는 봉헌품과 봉헌자가 기록되어 있다. 이 〈알〉
에도 앞서의 〈갈〉처럼 물품에 묶기 위해 목간 하단 좌우측에 결입부를
만들어놓은 부찰형식의 장치가 있다(그림 23 참조).

세 번째는 〈전(傳)〉과 〈부(符)〉가 있다. 이 목간들은 구멍이 있어 끈으
로 매달 수 있도록 한 것도 있지만, 부찰형식을 하지 않은 것도 많다.
우선 〈전〉은 여행자가 휴대하는 여행허가증명서로서, 과소(過所)라고

도 불린다. 한편 〈부〉는 2매 1조로 된 부절(符節)을 말한다. 두 개의 목간을 서로 붙여, 오늘날의 간인(間印)처럼, 서로 연결된 문자를 쓰거나, 똑같은 각치(刻齒)를 만들어 두 개의 목간이 같은 짝이라는 것을 증명할 수 있도록 만든다. 둘로 나누어 각각 별도로 소유하고 있다가, 필요하면 서로 〈부〉를 맞추어보고 신용의 증표로 삼았다. 〈부〉는 일상적인 정기 업무 때 〈전〉을 대신하는 통행증으로, 관서에 복수로 상비해두었다가, 이를 가지고 관리들이 출장업무를 수행하기도 하였다.[51] 관북리 유적에서 출토된 백제목간 중에도 형태나 기능상으로 볼 때, 용도가 〈부〉로 추정되는 목간들이 확인된다.

끝으로 '기타형식목간(2-6)'은 위에서 제시한 것들과 다른 각종 형태의 목간을 의미한다. 그 각각의 형식은 해당 목간의 용도와 관련이 있다고 생각된다. 예를 들어 한대(漢代)의 〈검(檢)〉과 같은 봉함용목간, 종이문서를 분류하기 위해 권축(卷軸)의 두부를 변형한 함안 성산산성 출토의 〈제첨축(題簽軸)〉, 그리고 주술의례용의 〈능산리 남근형목간〉 등이 이에 해당한다. 한편 안압지에서 출토된 문자(묵서, 주서, 음각 등등)가 있는 각종 다양한 목제품 등도 모두 여기에 포함된다. 또 파손으로 원형을 복원할 수 없는 목간도 이 기타형식의 목간으로 분류할 수 있겠다.

목간은 이미 쓴 묵서를 삭도(削刀)로 깎아내 정정하거나, 재사용할 수 있는 장점이 있다. 기존에 써놓은 묵서를 삭도로 깎아내면, 문자가 있는 목간부스러기가 발생, 폐기된다. 중국학계에서는 이 부스러기를 '폐

(柿)'라고 하며, 일본에서는 '삭설(削屑)'이라고 한다. 모두 목간을 깎은 부스러기라는 의미로 번역할 수 있다. 필자는 이를 "목간부스러기"라고 명명해보았다. 이 목간부스러기는 비록 원래의 목간에서 분리 파편화된 것이지만, 역시 귀중한 문자자료로서의 가치를 지니고 있다.

현재 일본학계의 목간출토점수는 30만점을 상회하는데, 거의 태반이 '목간부스러기'들이다.[52] 고대일본의 경우 부찰형목간은 재생해 사용하지 않고 그대로 폐기하며, 문서목간의 경우 문서의 오용(誤用)을 막기 위해, 삭도로 묵서를 깎아 여러 번 재사용한다. 이로 인해 목간부스러기는 주로 문서목간이나 글자연습용 목간의 묵서를 깎아낸 것이 많다.[53]

한국에서는 현재 부여 능산리사지에서 유일하게 '목간부스러기'가 여러 점 출토된 바 있다. 일반에 공개된 것은 글자를 연습한 습서목간의 묵서를 깎아낸 부스러기로 추정된다(그림 24 오른쪽 사진 참조). 일본의

그림 24. 목간부스러기의 재현(좌). 고대일본의 목간부스러기(중). 능산리사지 출토 목간부스러기와 그 적외선사진(우).

사례에 비추어 볼 때 앞으로 한국에서도 '목간부스러기'가 많이 발굴될 것으로 기대된다.

끝으로 목간의 형태와 관련하여 목간의 폐기행정(廢棄行程)에도 주목할 필요가 있음을 지적하고 싶다. 관북리와 궁남지의 백제목간에 대해서는 폐기행정을 조사한 연구가 있지만,[54] 여전히 목간의 인위적인 폐기방식에 대해서는 거의 보고가 이루어지지 않고 있다. 그러나 이러한 목간의 폐기상태도 목간이나 목간부스러기의 성격을 이해하는데 있어 매우 중요한 정보를 제공해준다는 점에서 소홀히 다루어서는 안 된다.

한편 목간의 측면도 상세히 조사되어야만 한다. 기존에는 목간의 앞, 뒷면에 기록된 문자에만 관심이 집중되었지만, 고대일본의 경우 어떤 장소의 출입이나 신분증명을 위해 목간의 측면에 목간 소유자의 식지(食指) 눈금을 칼로 새긴 '화지목간(畵指木簡)'이 발견되고 있다. 조선시대 고문서에 '수결(手決, signature)'을 할 수 없는 백성이나 천민들이 손바닥을 그리거나 손가락의 마디를 표시한 '수촌(手寸)'을 그렸던 점을 상기할 때, 한국고대사회에서도 고대일본의 〈화지목간〉과 같은 방식으로 본인임을 증명하는 목간을 제작하였을 가능성이 충분히 있다고 생각된다. 목간발굴과 보고 때 각별한 주의가 필요하다.

4. 한국고대목간의 용도별 분류

목간이 구체적으로 어떤 용도로 사용되었는가를 확정할 때, 목간의 형태 자체는 결정적인 조건이 되지 못한다. 예를 들어 부찰형목간은 그에 묵서된 내용까지도 정확하게 이해할 수 있을 때, 그것이 물품에 부속된 것인지, 아니면 사람이 휴대한 것인지를 구별할 수 있다. 또 목간에 부찰형의 구멍이 뚫려있다고 하더라도, 휴대나 물품꼬리표와 관련된 것이 아니라 문서의 분철(分綴)을 목적으로 뚫어놓은 구멍일 가능성도 있다. 일본의 〈나가야왕가목간(長屋王家木簡)〉 중에는 문서목간인데도 하단에 구멍이 뚫려있는 것이 여러 개 있다. 한편 다면목간도 편철간의 기능을 계승하여 전적이 기록된 경우도 있지만, 종이에 최종적으로 정서하기 전의 중간단계 메모나 발췌용으로 사용되거나, 심지어 글자연습용으로 사용된 사례도 많다. 결국 목간의 형태만으로 목간의 용도를 확정하는 것은 불가능하다.

따라서 목간의 용도를 결정할 때에는 목간의 형태와 내용 양자를 모두 신중히 관찰하고 판단한 다음에 확정해야만 한다. 한국고대목간의 형태와 그 묵서내용을 종합적으로 분석하여, 한국고대목간을 용도별로 분류해보면 크게 다음의 다섯 가지 종류. 즉 ①전적목간, ②문서목간, ③휴대용목간, ④물품꼬리표목간, ⑤기타용도목간으로 나누어볼 수 있다.[55]

〈한국고대목간의 용도별 분류〉

1. 전적목간(典籍木簡)

2. 문서목간(文書木簡)

  2-1. 수발문서목간(受發文書木簡)

  2-2. 장부목간(帳簿木簡)

  2-3. 기록간(記錄簡)

3. 휴대용목간(携帶用木簡)

  3-1. 부신용목간(符信用木簡)

  3-2. 과소용목간(過所用木簡)

4. 물품꼬리표목간(物品附札用木簡)

  4-1. 문서표지용(文書標識用) 꼬리표목간

  4-2. 세금공진용(稅金貢進用) 꼬리표목간

  4-3. 창고정리용(倉庫整理用) 꼬리표목간

  4-4. 일반물품용(一般物品用) 꼬리표목간

5. 기타용도목간(其他用途木簡)

  5-1. 습서용목간(習書用木簡)

  5-2. 주술·의례용목간(呪術·儀禮用木簡)

  5-3. 권축용목간(卷軸用木簡)

[전적목간]은 평양 출토의 〈논어편철죽간〉이나 1m 이상의 오면체, 사면체 목간을 활용한 인천 계양산성, 김해 봉황동 출토의 〈논어다면목간

〉, 황복사지 출토 〈불경편철죽간〉을 예로 들 수 있다.

　[문서목간]은 그 아래에 다시 문서의 수발(受發) 관계가 명확한 '수발문서목간(2-1)' 을 비롯해, '장부목간(2-2)', 전표나 각종 행정처리를 위한 메모, 발췌용으로 사용된 '기록간(2-3)' 등으로 분류할 수 있다. '수발문서목간' 은 다시 공(公), 사(私)의 수발문서로 나눌 수 있다. 이 중 공문서로는 〈월성해자 149번목간(大鳥知郎足下)〉 등이 있고, 사문서로는 〈능산리 305번목간(慧暉前)〉 등이 있다. '장부목간' 의 사례는 앞서 이미 여러 개를 언급한 바 있다. '기록간' 중 전표(傳票)로는 〈안압지 186번목간(門號)〉, 〈능산리 304번목간(寶憙寺)〉 등을 들 수 있겠다.

　[휴대용목간]은 사람이 휴대하면서, 출입시의 신분증명이나 역진(驛津) 통과시에 여행허가증명용으로 사용한 목간을 말한다. 앞서 검토한 중국 한대의 〈전(傳)〉과 〈부(符)〉가 이에 해당된다. 백제에서는 능산리 사지나 관북리유적에서 '부신용목간(3-1)' 으로 추정할 수 있는 목간이 출토되었다. 특히 〈관북리 286번목간〉은 형식상 조선시대의 호패(號牌)나 부신(符信)처럼 낙인(烙印)을 이용해 궁궐출입시 신분증명용으로 사용한 부찰형목간으로 추정되기 때문에, "부신용목간"이라고 명명하여 보았다. 중국과 일본학계에서 분류하고 있는 여행허가증명용인 '과소용목간(3-2)' 은 한국에서는 아직 출토예가 없다. 그러나 고대사회의 인적 통제를 염두에 둔다면, 앞으로 출토될 가능성은 매우 높다고 생각된다.

　[꼬리표목간]은 전적이나 문서의 표지(標識)로 사용된 '표지용 꼬리표목간(4-1)', 세금상납 때 납부자를 기록한 '세금공진용 꼬리표목간(4-

2)', 창고물품의 정리와 보관을 위해 부착했던 '창고정리용 꼬리표목간 (4-3)', 그리고 끝으로 기타 '일반물품용 꼬리표목간(4-4)' 등으로 나누어볼 수 있다. 앞서 언급한 휴대용목간과 꼬리표목간은 목간이 사람이나 물건과 함께 이동할 수도 있다는 점을 알려주기 때문에, 목간 출토지를 곧바로 목간 제작지로 판단해서는 안 된다는 사실을 분명하게 깨닫게 해준다.

'문서표지용 꼬리표목간'으로는 백제 〈관북리 285번목간(兵与記)〉이 주목된다. '세금공진용 꼬리표목간'은 일본에서 '하찰(荷札)'이라 부르는데, 우리의 경우 함안 성산산성 출토 신라목간이 대표적이며, 안압지에서도 확인된다. 특히 함안목간은 6세기 중반 신라의 국가유통망과 수취구조를 알려줄 뿐만 아니라, 각 지역별로 목간제작기법, 서체(書體) 등에 차이가 나, 신라목간문화의 지역색도 확연히 보여준다.

이 함안목간으로 볼 때, 신라에서는 〈촌락문서(695)〉보다도 150년이나 앞서는, 6세기 중반에 이미 각 촌별로 호적류 문서를 작성하였던 것으로 추정된다. 함안의 꼬리표목간에는 납세자의 〈본적지+이름+세액〉 등이 기록되어 있는데, 이러한 납세자 "개인(또는 호주)"의 탄생은 문서행정상 호적류 문서의 존재를 전제하지 않고는 설명이 불가능하다.

또 함안목간에 기록된 지역들은 오늘날의 영주, 안동, 예천, 개령, 성주 등인데, 낙동강의 수계에 위치하고 있다는 공통점을 가지고 있다. 이 지역들에서는 낙동강 수로를 이용해 쉽게 함안에 도달할 수 있다. 따라서 신라는 이들 지역과 함안 사이의 수운(水運)을 최대로 활용하여, 이들 지역에서 성산산성의 축성이나 군역(軍役)에 필요한 노동력을 징발하였고, 동시에 이들 지역에 곡물(穀物)과 마료(馬料), 기타 물자의 송납(送納) 등도 책임지웠던 것으로 추정된다. 결국 신라는 낙동강이라는 고속유통망을 최대한 활용하여 가야를 공략 또는 경영하였고, 함안은 그 전략적 거점이었음을 알 수 있다.[56]

'창고정리용 꼬리표목간'의 예로는 백제 〈능산리 300번목간〉이 현재로는 가장 시기가 앞선 자료이다. 이 목간에는 상단부 좌우측에 결입부가 있고, "三月仲椋內上□"이 묵서되어 있어, 8세기 신라 안압지의 '창고정리용 꼬리표목간'에서 확인되는 '월일(三月)+창고위치(仲椋內)+물품명(上□)' 등을 기록한 서식과 매우 유사하다. 따라서 백제에서는 이미 6세기 중반에 물품의 창고보관과 정리를 위해 꼬리표목간을 사용했음을 알 수 있다. 한편 '일반물품용 꼬리표목간'으로는 안압지에서 출토된 열쇠에 묶여있던 것으로 추정되는 꼬리표목간(안압지 213번목간) 등을 예로 들 수 있다.[57] 이 목간에는 열쇠의 사용처가 기록되어 있으며, 오늘날의 '키홀더(Key-holder)'와 유사한 기능을 하였다.

[기타용도목간]에는 낙서나 그림, 글자 연습을 한 '습서용목간(5-1)', 주술의례에 사용했던 '주술의례용목간(5-2)', 두루마리 권자본(卷子本) 종이문서의 권축(卷軸)으로 사용된 '권축용목간(5-3)', 그리고 그 외 매우 다양한 종류의 목간이 앞으로 발굴결과에 따라 추가될 수 있다.

'습서용목간'은 경주 안압지나 부여 궁남지 등 여러 유적에서 출토되었다. 안압지의 습서용목간은 세장형의 기본형 목간이지만, 안압지의 다른 목간들보다 월등하게 크다는 점에서, 애초 습서용목간은 제작할 때 의도적으로 매우 크게 만들었다고 생각된다. 습서를 많이 하기 위해서는 서사할 면이 넓고, 길어야 효율적이기 때문이다. 안압지보다 이른 시기에는 다면목간이 습서용으로 애용되었다. 사면목간을 습서용으로 활용한 백제의 〈궁남지 사면목간〉을 통해서도 이를 확인할 수 있다.

'주술의례용목간'으로는 〈능산리 남근형목간〉이 대표적이다. 후술하지만 이 목간은 애초 백제 사비도성의 '도제(道祭)'에 사용된 신물(神物)로 만든 목제품이라고 생각된다. 그런데 제사를 위해 신물에 문자가 음각되고, 또 제사 후에는 그 결과나 관련내용이 묵서되어 일정기간 사용되다 폐기된 것이라고 추측된다.[58]

'권축용목간'으로는 묵서가 없어 확실하지는 않지만, 함안 성산산성에서 출토된 〈제첨축형 목제품〉이 주목된다. 관청에서는 방대한 양의 문서를 생산하기 때문에, 이들을 분류·정리하여 쉽게 찾을 수 있도록 할 필요가 있었다. 권축(卷軸)을 이용해 말아놓는 두루마리 종이문서의 경우, 그 문서의 제목을 꼬리표목간에 써 권축에 매달거나, 권축 자체에 기록하여 문서의 표지(標識)로 삼았다. 이 중 전자는 앞서 표지용 꼬리표목간에서 설명하였고, 후자는 다시 제첨축과 목첨축 등 두 가지 방법으로 나누어진다.

우선 〈제첨축(題簽軸)〉은 마치 네모난 숟가락 모양처럼 권축의 두부(頭部)를 넓적하게 만들고, 이 부분이 종이 두루마리 위로 삐죽이 나오도록 권축의 길이를 좀 더 길게 만든 특수한 권축을 말한다. 이 권축의 넓적한 두부에 해당 문서의 제목을 적어 표지로 삼았다(그림 25 참조). 종이 문서를 권축에 말아도, 권축 두부에 쓴 문서 제목은 그대로 드러나 표지 역할을 충분히 할 수

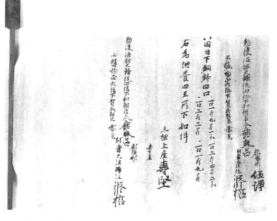

그림 25. 고대일본의 제첨축

있다. 한편 〈목첨축(木籤軸)〉은 굵은 권축을 사용하여 그 권축의 마구리 부분에 직접 문서의 제목을 적었던 권축을 말한다.

이들 권축의 모양과 표지 위치로 보아 〈제첨축〉은 권축 두부가 위로 오도록 항아리나 상자 등에 수직으로 꽂아놓는 방식으로, 〈목첨축〉은 권축 마구리가 보여야 함으로, 선반에 수평으로 올려놓는 방식으로 정리·보관되었던 것으로 추측된다. 따라서 〈제첨축〉은 관료가 항상 가까이 두고 수시로 빼서 보는 각 관청의 일상용 문서에 주로 사용되었고, 〈목첨축〉은 지방에서 중앙도성으로 보고한 상신문서나 장기보관용 문서에 사용되었다.[59]

그런데 고대일본의 경우 이러한 〈제첨축〉을 통한 문서분류법과 호적

의 작성이 7세기 말에 가서야 비로소 등장한다. 함안 성산산성의 〈제첨축형 목제품〉이 실제로 〈제첨축〉이 맞다면, 신라 서사문화의 수준을 새롭게 바라봐야만 하는 놀라운 발견이라고 할 수 있다. 또 고대일본의 〈제첨축〉 사용법도 한반도에서 기원하였다고 말할 수 있다.

한편 백제의 경우에는 〈제첨축〉이나 〈목첨축〉보다 더욱 세련된 문서 정리법이 추가로 확인된다. 부여 관북리에서 발굴된 백제의 '표지용 꼬리표목간'(관북리 285번목간)은 중국 한대의 〈갈(楬)〉과 형태가 유사하지만, 〈갈〉과 달리 편철간이 아닌 두루마리 권축에 매다는 '첨(簽)'의 용도로 사용되었다고 추측된다. 이로 볼 때 백제는 사비시기에 고도로 발달된 문서행정을 실현하고 있었다고 생각된다.

이상 어설프게나마 한국고대목간을 형태별로, 용도별로 분류해보았다. 한국고대목간은 아직 출토점수가 미미하지만, 앞으로 한국에서도 중국의 〈주마루삼국오간(走馬樓三國吳簡)〉이나 일본의 〈나가야왕가목간(長屋王家木簡)〉처럼 갑자기 수십만 점의 목간이 한꺼번에 발굴될 수도 있기 때문에, 그에 대비하기 위해 기왕에 출토된 목간에 관한 다양한 정보들을 체계적으로 정리, 분류하는 기초작업을 착실히 진행해놓아야만 한다.

이제부터는 지금까지 검토한 한국고대목간에 대한 기초지식을 바탕으로, 이 책의 주인공인 백제목간을 본격적으로 분석해보려고 한다. 백제목간을 가지고 상상(想像)한 필자의 이야기가 독자들에게도 의미가 있기를 빌 뿐이다.

백제목간의 발굴 의의(意義)와 특징

1. 백제목간의 발굴 의의

현재 백제사 연구는 구체성을 잃어버리고 표류하고 있다. 이는 백제사를 구성하고 설명할 사료 자체가 절대적으로 부족하기 때문이다. 백제 당시에 작성된 '일차자료'는 두말할 것도 없고, 『삼국사기』의 백제본기에도 대외교류관계를 전하는 중국측 자료를 제외하면 남는 것이 별로 없다. 이러한 문제점을 해결할 방법은 관련자료의 확대 외에는 달리 길이 없다. 그렇지만 신라의 역사가 금석문 자료의 출토로 더욱 풍성해졌던 지난 80~90년대에도, 백제유적에서는 우리를 들뜨게 하는 발굴소식은 없었다.

그런데 2000년대에 들어와서는 상황이 달라지고 있다. 용봉금동대향로(百濟龍鳳金銅大香爐)의 발굴로 세간의 이목을 집중시켰던 부여 "능산리사지(陵山里寺址)"에서 30여 점이 넘는 소중한 백제목간이 집중적으로 출토되었다. 물론 80년대부터 백제목간이 출토되기는 하였지만,

출토점수나 묵서내용 면에서 능산리사지의 백제목간과는 질을 달리한
다. 백제의 일차자료에 목말라있던 고대사학계로서는 오랜 가뭄 끝에
내린 단비와도 같은 희소식이었다.

　백제목간은 1983년 충남 부여의 관북리(官北里) 유적에서 최초로 발굴

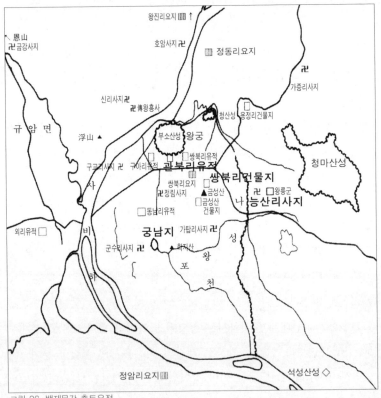

그림 26. 백제목간 출토유적

된 이래, 1995년에는 부여 궁남지(宮南池) 유적, 1998년에는 쌍북리(雙北里) 유적, 2000년에는 능산리사지, 그리고 2001~2002년에는 다시 관북리, 궁남지, 능산리사지 유적 등에서 계속해서 새로운 목간자료의 출토 소식이 전해져 우리를 기쁘게 하고 있다.

현재까지 출토된 백제목간은 모두 합해 50점 정도에 불과하지만, 최근 부여권의 개발과 함께 백제유적에 대한 발굴건수가 증가하고 있기 때문에, 앞으로 더욱 많은 백제목간들이 출토될 것으로 생각된다.[1] 특히 부여는 백마강의 범람지대라는 점에서 목간의 보존환경을 고려할 때 백제목간의 대규모 발굴도 기대되는 지역이다. 이제야말로 '자료부족'이라는 백제연구의 원초적 한계가 해결될 조짐이 보이기 시작하고 있다.

백제목간은 신라목간에 비해 출토점수는 비록 적지만, 매우 다양한 정보들을 담고 있기 때문에, 질적인 측면에서 결코 뒤지지 않는다. 특히 기존의 백제사 연구에서 불모지로 남아있던 백제의 율령, 문서행정, 심지어 도성 내외의 경관(景觀) 등에 대해서도, 목간자료를 제대로만 활용한다면 접근이 가능하리라 생각된다. 백제목간의 발굴은 백제사 연구에 일대 혁신을 가져올 새로운 전환점이 될 것이 분명하다. 앞으로 봇물 터지듯, 백제목간이 발굴되고, 또 이를 활용한 참신한 연구들이 콸콸 쏟아졌으면 좋겠다.

그러나 궁남지 유적을 제외하고는 아직까지도 백제목간이 출토된 유적에 대한 발굴보고서가 제대로 발간되지 않아, 연구에 많은 어려움이 있다.[2] 필자는 기존에 간행된 백제목간 사진이나 적외적 사진을 실어놓은 〈목간도록〉들과 각 발굴기관의 〈현장설명회자료〉, 〈약보고(略報告)〉, 〈연보(年報)〉, 그리고 발굴 참여자들의 개별 〈연구논문〉 등을 참고하여, 부족하나마 백제목간의 용도와 역사적 성격을 분석해보려고 한다.

2. 백제목간이 출토된 유적

1) 부여 능산리사지(陵山里寺址)

부여 "능산리사지"(사적 제434호)는 사비시대의 사찰유적으로, 사비도성의 외곽성인 동나성(東羅城)의 제3문지(門址)와 능산리고분군(陵山里古墳群) 사이에 위치하고 있다.[3] 1993년부터 2002년까지 8차에 걸쳐 이 절터에 대한 발굴조사가 백제문화권개발계획의 일환으로 국립부여박물관에 의해 이루어졌다.

그 결과 능산리사지는 중문(中門), 목탑(木塔), 금당(金堂), 강당(講堂)을 남북일직선상에 배치하고, 그 주위를 회랑(回廊)으로 둘러싼 일탑일금당(一塔一金堂) 양식의 전형적인 백제 가람임이 밝혀졌다. 특히 이 사지에서는 1993년에 공방(工房)으로 추정되는 건물지 바깥에서 '용봉금동대향로(龍鳳金銅大香爐)'가 출토되어 많은 사람들의 큰 반향을 불러일으켰다.

또 목탑지의 심초석에서 출토된 '창왕명석조사리감(昌王銘石造舍利

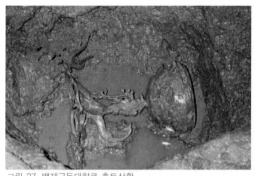

그림 27. 백제금동대향로 출토상황

龕)'에는 "창왕(곧 위덕왕) 13년(567년)에 매형공주(妹兄公主)가 사리를 공양(供養)했다"는 기록이 새겨져 있어, 이 절이 567년 무렵에 창건되었고, 백제왕실의 원찰(願刹)이었음을 알 수 있게 되었다. 이로 인해 발굴기관에서는 이 사지를 그에 이웃한 백제왕릉(능산리고분군)의 원찰인 '능사(陵寺)'로 명명하였다. 이 글에서도 능산리사지를 능사로 부르고자 한다.

한편 능사의 동·서회랑 바깥쪽에는 각각 남북방향의 긴 배수로(排水路)가 설치되어 있었다. 서회랑 외곽의 서배수로에는 목교(木橋) 및 석교(石橋)가, 동회랑 외곽의 동배수로에는 석교가 설치되어 있었다. 특히 능사의 중문지 남쪽에서는 동서·남북방향의 백제 도로시설과 배수시설이 확인되었다.[4]

이러한 사역 내부에 대한 조사성과를 토대로 2000~2001년에 착수된 6, 7차 조사에서는 능사의 중문지 남쪽부분 중 서석교와 동석교 사이를 발굴하였다. 이 조사에서는 능사의 중문 남쪽에 있을 수 있는 연못이나 도로유구 등을 확인하고자 하였는데 조사과정에서 오히려 다양한 형태의 배수시설과 집수시설, 그리고 수리시설로서의 목책열 등이 발굴되

그림 28. 능산리사지 출토 백제목간

었다. 그리고 그 내에서 토기편, 기와편을 비롯해 상당량의 목제유물들이 출토되었다. 목제유물 중에는 목제빗, 목제수저 등 목재로 만든 일상 생활용품도 있었지만, 30여 점의 백제시대 목간이 출토되어 특히 학계의 큰 주목을 받았다.

목간들은 주로 서배수로 인접구역에서 노출된 V자형의 남북방향 도랑[溝] 내부와 제2배수시설에서 출토되었다. 배수로의 내부에서 목간이 출토된 위치는 지표 하 150~170㎝의 유기물퇴적층이다. 한편 2002년의 8차 조사에서는 사면목간 1점이 추가로 발굴되었고, 목간이 출토된 배수로와 능사와의 관련성이 집중적으로 조사되었다.[5]

능사에서 출토된 목간(이하 '능산리목간'으로 약칭함)은 현재 공개된 것만도 24점이 넘으며, 백제목간으로는 단일유적에서 가장 많은 출토 점수를 자랑한다. 특히 한국에서는 최초로 목간을 재사용하기 위해서, 또는 목간의 잘못 쓴 글자를 정정하기 위해서, 기존의 묵서를 삭도로 깎아낸 '목간부스러기'까지 출토되었다.

이러한 능산리목간에는 종래 문헌자료에서는 확인할 수 없었던, "보희사(寶憙寺)", "자기사(子基寺)" 등의 백제 사찰과, "대승(大升)", "소승(小升)" 등의 백제 도량형제(度量衡制), 그리고 백제의 관료제와 문서행정 등을 이해할 수 있는 각종 정보들이 기록되어 있었다. 또한 목간의 작성시점도 현재 발굴된 백제목간 중 가장 오래된 6세기 중반이어서, 많은 연구자들의 주목을 받고 있다.

이 능산리목간을 작성한 주체는 누구였을까? 능산리목간의 묵서내용을 통해 이를 규명할 수 있다면, 목간이 작성될 당시, 목간 출토지점과 그 주변의 역사적 환경도 복원할 수 있을 것으로 기대된다. 특히 능산리목간은 동나성의 제3문지와 능산리고분군 사이에서 출토되었기 때문에, 도성의 경계(境界) 지점을 이해하는데 큰 도움이 된다.

능산리목간은 출토점수도 많고, 내용도 다양할 뿐만 아니라, 출토지점과 출토층위도 명확하기 때문에, 기존의 다른 어떤 목간들보다도 백제사 연구를 크게 진작(振作)시킬 활력소가 될 것으로 믿어 의심치 않는다.

2) 부여 관북리(官北里) 유적

부여 "관북리 유적"(사적 제428호)은 부소산 남록 끝자락에 위치하며,
사비시대(泗沘時代)의 왕궁지(王宮址)로 추정되고 있는 곳이다. 1982년
부터 1992년까지 7차에 걸쳐 충남대학교 박물관에 의해 발굴조사가 이
루어졌다. 이후에는 2001년부터 현재에 이르기까지 국립부여문화재연
구소에서 연차로 조사를 진행하고 있다.

그 결과 이 유적에서는 백제시대의 정면 7칸, 측면 4칸의 대규모 건물
지, 연지(蓮池), 도로시설, 하수도, 축대(築臺) 등을 비롯하여, 공방(工
房)시설, 수혈유구(竪穴遺構), 곡물이나 과일 등을 저장했던 창고시설
등 다양한 유구가 확인되었다. 이러한 유구들은 이 유적이 왕궁의 부속

그림 29. 백제목간이 출토된 관북리유적의 연지

시설이 있었던 지역이었음을 말해준다. 특히 관북리 유적에서 출토된 목간(이하 '관북리목간'으로 약칭함)을 통해 보더라도 이 점은 분명하다고 생각된다.

관북리목간은 정교한 호안석축(護岸石築)을 갖춘 '연지'에서 모두 출토되었다. 이 연지의 규모는 동서 10m, 남북 6.2m, 깊이 0.75~1.15m 이며, 내부의 퇴적층은 크게 하부의 황갈색토층과 흑회색점질토층, 그리고 상부의 흑갈색토층으로 구성되어 있었다.

연지 내부에 퇴적된 세 토층 모두에서 백제목간이 출토되었는데, 특히 상부의 두 층에서는 목간뿐만 아니라 다량의 백제토기와 기와편, 그

그림 30. 관북리유적 출토 백제목간

리고 대나무로 만든 자(尺), 목제인형다리, 바구니 등 다른 유기유물(有機遺物)도 상당량 수습되었다.[6]

후술하겠지만 관북리목간 중에는 형태나 묵서내용으로 볼 때, 문서표지용 꼬리표목간이나 출입증명을 위해 휴대하던 부신용(符信用) 목간으로 이해되는 것이 여러 개 보인다. 이러한 목간들이 제작되고, 사용된 관북리유적은 일반적인 관아였다기보다는 왕궁 내의 어떤 시설이었을 가능성이 더 높다고 생각된다.

한편 연지에서 출토된 백제의 "대나무자(尺)"는 비록 파손되었지만, 현존 눈금으로 볼 때, 그 원형은 25㎝ 정도를 1척으로 하는 "남조척(南朝尺)"으로 추정된다.[7] 이 자는 부여 쌍북리에서 출토된 백제의 "당척(唐尺)"과 함께, 사비시기의 척도제와 그 변화과정을 이해할 수 있는 매우 획기적인 자료라고 생각된다.

3) 부여 쌍북리(雙北里) 유적

부여 "쌍북리 유적"은 사비도성(泗沘都城) 내에 있는 금성산(錦城山)의 북동사면 끝에 위치하고 있다. 유적 북쪽 인근의 사비나성(泗沘羅城)과 청산성(靑山城)이 만나는 곳에는 나성과 거의 같은 시기에 조성되었을 것으로 보이는 '월함지(月含池)'라는 저수지가 있고, 이로 인해 청산성에서 쌍북리 유적을 포함한 주변 일대에 저습지(低濕地)가 형성되어 현재 논으로 경작되고 있다.

쌍북리 유적은 1998년 쌍북리 102번지 일대의 택지조성과 관련하여 충남대학교 박물관에 의해 발굴조사가 실시되었다. 그 결과 저습지의 퇴적층에서는 표토층, 통일신라~고려시대에 걸친 회색뻘층, 유물이 거의 섞이지 않은 모래층, 백제시대의 암회색뻘층, 유물이 거의 없는 모래층, 그리고 생토층이 차례로 확인되었다.

백제문화층에서는 수로(水路), 우물, 건물의 기단(基壇)으로 추정되는 석열유구(石列遺構) 등이 노출되었다. 수로의 내부 및 주변에서 백제시대의 목간(木簡), 당척(唐尺), 됫박 형태의 목제상자[量器],[8] 칠기(漆器)를 비롯한 다양한 목제품(木製品), 그리고 '월이십(月卄)', '…사(舍)', '대(大)' 등이 기록된 백제시대 명문토기편이나 대옹편(大瓮片), 인각와편, 마노석제 장신구 등이 출토되었다. 발굴유물 중에서 특히 주목되는 것은 "당척"이다. 이 유물은 백제가 멸망 이전에 이미 당의 척도제를 수용하였음을 알려준다.

목간이나 당척 등 쌍북리 유적의 목제품들은 발견상태로 보아 급류에 휩쓸려 수로를 통해 위쪽 지역에서 흘러 내려와 퇴적된 것으로 추정된다. 이러한 점으로 볼 때, 금성산 북록에 목간과 도량형기 등을 사용했던 백제시대의 관청시설이 있었을 것으로 판단된다.[9]

쌍북리 유적에서는 완형의 부찰형목간 1점과 약간 파손된 세장형목간 1점이 출토되었는데, 묵서의 판독이 어려워 그 정확한 용도는 알 수가 없다. 그러나 이 유적은 사비시대에 도성의 중심지역과 지금의 공주(公州), 논산(論山)지역을 이어주는 중요한 교통로(交通路) 상에 위치하고 있다. 이러한 목간출토지점의 입지조건에서 본다면, 쌍북리 출토 부찰

형목간의 용도
는 함께 공반된
당척이나 도량
형기, 대옹편 등
과 연관지어 이
해할 필요가 있
다. 이 경우 쌍

그림 31. 쌍북리 유적 출토 백제 부찰형목간

북리 부찰형목간은 세금공진용이나 창고정리용 꼬리표목간일 가능성
이 높다.

4) 부여 궁남지(宮南池) 유적

부여 "궁남지 유적"(사적 제135호)은 부여읍 남쪽의 동남리 117번지
일대에 위치한 백제 사비시기의 궁원지(宮苑池) 유적이다. 『삼국사기
(三國史記)』 백제본기(百濟本紀) 무왕(武王) 35년(634년)에 "궁의 남쪽에
연못(즉 宮南池)을 만들었다"는 기록이 있어, 이 명칭을 따와 이 연못의
이름으로 삼았다.

궁남지의 동쪽 일대는 화지산(花枝山)을 배경으로 건설된 사비시대의
별궁지(別宮址)로 전해지고 있다. 인근에 대리석을 팔각형(八角形)으로
짜 올린 어정(御井)이라 불리는 유구나 백제의 기와편, 초석(礎石) 등이
남아 있다. 따라서 현 궁남지는 화지산을 배경으로 만들어진 백제 별궁
지의 연못일 가능성이 높다고 생각된다.

그런데 위 『삼국사기』의 궁남지 축조 기사에는 백제의 연못 조경방식에 대한 매우 중요한 사실이 덧붙여져 있다. "궁의 남쪽에 연못을 만들었다. 물을 20여리나 끌어들이고, 네 언덕에는 버드나무를 심고 연못 가운데에는 섬을 만들어 방장선산(方丈仙山)을 모방하였다"는 내용이 바로 그것이다. 이는 당시 백제가 궁궐 연못에 신선이 산다는 '방장선산'을 모방한 섬을 상징적으로 만들어놓았음을 의미한다. 백제의 연못 조경에 나타난 이러한 도교적 표상(表象)으로 볼 때, 당시 백제 상류사회에 도교가 유행하였음을 알 수 있다.

궁남지에 대한 조사는 1990년부터 시작되어 현재까지 모두 9차에 걸쳐 이루어졌다. 1차 조사(1990년)에서는 궁남지 서편과 군수리사지 사

그림 32. 궁남지 전경

이에서 백제시대에 조성된 연못의 서쪽 호안(護岸) 일부가 확인되었고, 국립부여박물관이 행한 2~3차 조사(1991~93년)에서는 북동쪽과 남동쪽의 호안 일부와 수전지(水田址) 일부가 확인되었다.

이로 인해 궁남지에 대한 전면적인 발굴의 필요성이 제기되어, 국립부여문화재연구소가 1995년부터 2003년까지 6차에 걸쳐 발굴조사를 실시하였다. 그 결과 사비시대에 조성된 인공수로(人工水路), 목조저수조(木造貯水槽), 우물지와 도로유구(道路遺構), 수전(水田) 경작지, 토기가마터, 굴립주건물지(堀立柱建物址) 등 다양한 유구들이 확인되었다.[10]

궁남지에서는 묵서있는 목간 3점이 출토되었다. 주로 인공수로와 목조저수조에 퇴적된 개흙층에서 출토되었다. 특히 목간 상단에 구멍이 뚫린 부찰형 목간에는 백제 사비도성의 행정구역인 '5부 · 5항제(五部五巷制)', 정 · 중(丁中)체계에 입각한 연령등급제, 귀인(歸人), 부이(部夷) 등과 같은 신분제, 매라성(邁羅城) 등의 지방제, 수전(水田)과 같은 토지에 관한 사항이 기록되어있어, 이 자그마한 목간 하나에 사비시기 백제 전체가 담겨있다고 해도 과언이 아닐 정도로 중요한 역사 정보가 가득 기록되어 있다.

그동안 백제율령은 자료부족으로 연구가 이루어질 수 없었으나, 이 목간의 발견으로 인해 그것의 구체적인 내용과 제도적 연원을 추적하는 작업이 가능하게 되었다. 한편 궁남지에서는 사면목간에 '문(文)'과 '야(也)'라는 글자를 여러 번 쓴 '습서용' 사면목간도 발견되었다.

3. 백제목간의 특징

현재 백제목간이 출토된 유적은 백제의 수도였던 충남 부여에 한정되어 있다. 백제의 각 지방에서 제작된 목간이 출토되지 않은 아쉬움은 있지만, 이러한 집중이 오히려 백제의 마지막 왕경이었던 "사비도성(泗沘都城)"을 이해하는 데에는 더할 수 없이 좋은 자료적 환경을 제공하고 있다.

백제목간에는 개인의 간단한 글자연습에서부터 국가의 복잡한 장부류(帳簿類)에 이르기까지, 사비시기에 작성된 각종의 기록물들이 모두 확인된다. 물론 거의 대부분이 국가기록물이며, 용도별로 보면 크게 문서목간과 꼬리표목간으로 나누어볼 수 있다.

문서목간은 백제의 행정문서나 장부 등으로 사용되었던 목간을 말한다. 이들 문서목간에 기록된 내용들은 단편적인 것이라고 하더라도, 백제 당대(當代)의 자료라는 점에서 해당시기 백제의 중앙행정과 그 업무처리방식을 이해할 수 있는 최상의 자료라고 할 수 있다.

더욱이 사비도성의 내외(內外)에서 발굴된 이 문서목간들은 출토지점 인근에 어떠한 성격의 목간작성자(관청)가 존재하고 있었는지도 알려주기 때문에, 사비도성의 공간구조와 그 편제방식을 검토하는 데에도 큰 도움이 된다. 당시 사비도성의 안과 밖은 어떻게 편제되어 있었을까? 목간이 출토된 각 지점에서는 어떠한 업무들이 이루어졌을까? 백제목간은 이러한 필자의 의문에 답을 주리라 생각된다.

한편 꼬리표목간은 물품에 매다는 '꼬리표'로 사용되었던 목간을 말한다. 일반적으로 창고물품의 정리나 각 지방의 세금에 매달아 세금납부자를 명시하기 위한 용도로 많이 제작되었다. 아직까지 백제목간에는 '세금공진용'은 확인된 바가 없지만, '창고정리용'은 6세기 중반에 제작된 능산리목간에서 이미 확인된다. 이는 이 목간이 출토된 지점 인근에 창고시설이 있었음을 의미한다. 이처럼 목간은 발굴지 주변의 경관도 알려준다.

한편 관북리목간 중에는 지방에서 중앙으로 문서를 보고할 때나, 각 관청에서 문서를 정리 · 보관할 때, 문서나 장부의 이름을 기록해 해당 문서나 장부의 '표지(標識)'로 사용했던 특수한 표지용 꼬리표목간도 발굴되었다. 이 표지용 꼬리표목간은 백제의 문서행정을 이해할 수 있는 단서로서 매우 중요한 의의를 갖는다. 이를 통해 백제의 중앙집권을 유지시켜준 관료제와 문서행정시스템을 보다 구체적으로 이해할 수 있다.

필자는 이러한 백제의 문서목간과 꼬리표목간을 분석하여, 일차적으로 이 목간들을 생산하고, 수발(受發)했던 목간작성자를 추론하려고 한다. 또 이를 통해 확보한 백제에 관한 새로운 정보들을 기초로 하여, 기존의 문헌자료들과 비교하면서, 백제의 중앙 및 지방행정, 그리고 백제 율령제의 전반적 특성을 검토하려고 한다.

백제목간 중에는 백제의 율령 조문(條文)이나 제사의례 등을 복원할 수 있는 내용들이 담겨있는 것도 발견되었다. 이는 고대동아시아세계의 문화교류에서 백제가 어떠한 역할을 수행하고 있었는지를 확연히 보여준다. 현재 이를 통해 중국과 백제, 또는 백제와 고대일본 사이의 문화교류를 심층적으로 검토하는 연구가 진행되고 있다.

우선 다음 장에서는 사비나성의 제3문지와 능산리고분군 사이에서 발굴된 능산리목간을 검토하고자 한다. 능산리목간의 출토상황과 용도 등을 분석해 작성주체를 규명하고, 이를 토대로 사비도성의 경계(境界) 지점에서 베풀어졌던 백제의 도제(道祭) 의례를 복원해볼까 한다. 또 나성대문(羅城大門)의 금위(禁衛)와 도성 입구의 경관(景觀)까지도 상상해보았다.

이어 관북리목간을 중심으로 백제의 문서행정을 추론해보았다. 또 이러한 문서행정을 가능케 했던 백제의 "율령"을 이해하기 위해, 능산리목간, 궁남지목간, 그리고 관북리 출토 남조척과 쌍북리 출토 당척 등을 집중적으로 분석하였다. 이를 통해 백제 율령의 연원과 전파과정을 고대 동아시아세계 속에서 조망해보려고 한다.

끝으로 관북리 부찰형목간과 궁남지목간을 분석하였다. 이를 통해 사비도성의 동·서편에 각각 '우이(嵎夷)'와 '신구(神丘)'라는 명칭의 행정구역이 의도적으로 배치되어 있었고, 사비도성 내부에도 '귀화인(歸化人)'[11] 거주지가 특별히 설정되어 있었음을 추론해보았다. 사비도성 내외에 가설(加設)되었던 이러한 특수 공간들은 백제왕권을 분식(粉飾)하기 위한 장치들이다. 필자는 사비도성을 장엄(莊嚴)했던 이러한 무대장치와 국가의례를 통해, 백제라는 '극장국가(劇場國家, Theatre State)'의 멸망 원인을 관조해보았다.[12]

사비도성의 경계(境界)와 의례(儀禮)

1. 능산리목간의 출토상황

능산리목간은 능사(陵寺)에 대한 2000년~2002년도에 있었던 6차~8차 발굴조사에서 출토되었다. 이 목간들에 대해서는 아직도 정식의 발굴 보고서가 발간되지 않았다. 이로 인해 목간의 출토지점, 출토층위의 상대적 편년이나 공반유물의 성격 등 출토상황 자체가 명확하지 않다. 현재로는 발굴 당시의 현장설명회자료나 발굴에 참여한 분들의 약보고 논문,[1] 그리고 능산리목간 사진이 수록된 특별전도록,[2] 국립창원문화재 연구소에서 간행한 『고대목간(2004)』에 게재된 적외선사진 등을 통해 연구를 수행할 수밖에 없다. 이로 인해 목간의 묵서판독을 비롯해, 목간의 작성시기, 작성주체 등에 관해 논란이 많다.

애초 발굴을 담당했던 박중환 학예관은 목간을 "능사"와 관련된 것으로 파악하였다. 시점은 사비 천도 직후인 540년 전후부터 위덕왕대 중반(570년) 사이에 제작·사용된 것으로 추정하였다.[3] 그런데 8차 조사

에서는 발굴
자들이 목간
이 집중 출토
되었던 초기
자연배수로가
사역의 남북
을 따라 정연
하게 설치된
서배수로보다
이른 시기의
유구이며, 그
상한이 동나
성의 축조시
기와 연관된
다고 보고하
였다.[4] 이로
인해 콘도 고
이치[近藤浩
一] 씨는 능산

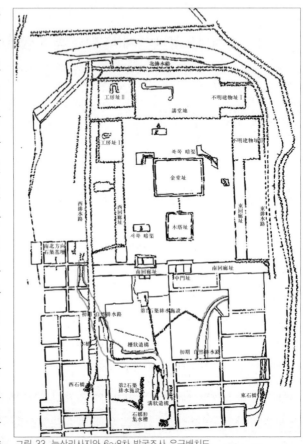

그림 33. 능산리사지와 6~8차 발굴조사 유구배치도

리목간을 일괄적으로 "나성축조와 관련된 목간"으로 이해하였다. 작성
시기도 동나성 축조가 시작된 것으로 추정되는 527년 무렵으로 보았

다.[5]

그런데 다시 한국목간학회 주최 제1회 국제학술대회(2007. 1. 10)에서
는 국립부여박물관의 이병호 학예사가 초기 자연배수로와 능사의 정연
한 서배수로 사이에 시기차가 그렇게 크지 않다는 새로운 견해를 발표
하였다. 또 능산리목간의 출토지점과 출토층위로 볼 때, 목간의 작성시
기도 6세기 중·후반일 가능성이 높아, 능산리목간은 능사의 건립과 관
련된 것이라고 추론하였다.[6] 이병호 학예사의 발표에 대해 토론자로 참
여한 능사의 제8차 발굴자였던 박경도 학예사도 이에 동의하고, 자신의
기존 8차보고를 비판적으로 수정하였다.

이병호 학예사의 발표는 목간의 출토층위와 출토지점을 상세히 분석
하였을 뿐만 아니라, 능사의 대지조성과정과 사역의 건립과정까지도
포괄하고 있어, 능산리목간을 이해하는데 큰 도움이 된다. 그러나 능산
리목간 중 〈남근형목간〉은 그 묵서내용으로 볼 때 능사 건립과 관련이
없기 때문에, 능산리목간의 용도와 작성주체를 일괄적으로 파악하는
방식은 여전히 문제가 남아있다고 생각된다.

우선 여기에서는 이병호 학예사가 보고한 능산리목간의 출토현황과
출토지점 등을 상세히 소개하고, 이를 기초로 능산리목간의 묵서내용
을 다시 한번 분석해보려고 한다. 이 작업이 제대로 된다면 목간의 용
도와 작성주체에 대한 검토도 가능하리라 생각된다. 한편 능산리목간
의 일련번호와 목간 각 면의 순서는 『고대목간』을 그대로 따랐다.[7] 『고
대목간』에는 295번에서 314번까지 총 20점의 능산리목간이 공개되어

있다.

능산리목간이 출토된 지점은 능사(陵寺) 중문지(中門址) 남동쪽과 남서쪽에 해당한다. 능사 발굴과정 중 처음으로 목간이 출토된 6차 조사에서는 남근형목간(295번)을 비롯한 7점의 목간(306번, 309번, 310번, 314번, 미공개 2점)과 목간부스러기 3점(모두 미공개)이 수습되었다. 7차 조사에서는 '자기사(子其寺)'가 묵서된 목간(313번)을 시작으로 묵서가 있는 목간 20점(공개 14점, 미공개 6점), 목간부스러기 1점(302번), 묵서가 없는 목간형 목제품 2점이 출토되었다. 또 마지막 8차 조사에서는 '식미(食米)', '도사(道使)' 등이 기록된 사면목간 1점이 출토되었다. 현재까지 공개, 비공개를 포함해 능산리목간은 목간 28점, 목간부스러기 4점, 목간형 목제품 2점 등 전체 34점이다. 아직 발굴보고서가 미간(未刊)된 상태라 목간의 출토점수는 향후 더 늘어날 가능성도 있다.

이제 목간이 출토된 지점을 보다 구체적으로 살펴보기로 하자. 아래 그림은 현재까지 파악된 목간 출토 지점을 표시한 것이다.[8] 6~7차 조사에서 출토된 목간들은 대부분 서배수로 인접 구역인 중문지 남서쪽의 초기 자연배수로 내부와 중문지 동남쪽의 초기 자연배수로 내부에서 출토되었다.

6차 조사에서는 306번과 310번 목간을 제외하고는 모두 S110~120, W60~40 구간의 흑색 뻘층에서 발견되었다. 295번 〈남근형목간〉은 제2목책열(木柵列) 외곽(북쪽)의 지게 발채가 출토된 지점의 북쪽에서, 그리고 다른 목간들(309번, 314번, 미공개2점, 목간부스러기 4점)은 지계 발채의 동쪽에서 발견되었다. 306번과 310번 목간은 S130~140, W40~50구간에서 출토되었는데, 전자는 석곽형 집수조(集水槽) 내부에서, 후자는 제2석축 배수시설의 남쪽 끝부분에서 출토되었다.

7차 조사에서 출토된 목간은 20점에 달하지만 현재 그 출토 지점을 확정할 수 있는 것은 많지 않다. 그중 313번 목간은 S110, W60의 흑갈색 진흙층에서 출토되었고, 296번 목간은 S110, W61지점에서 출토되었다. 그밖에 297번, 298번, 301~305번, 307번 목간이 이 일대에서 출토

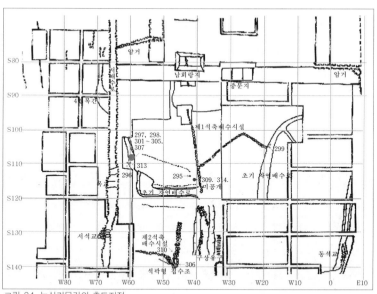

그림 34. 능산리목간의 출토지점

된 것으로 확인된다. 현장 사진이나 기록이 남아 있지 않은 대부분의 목간들이 이 지점에서 출토되었다고 보아도 큰 무리는 없을 것이다.

그런데 중문지 동남쪽의 초기 자연배수로에서도 목간이 출토되었다. 이곳에서는 299번과 미공개 목간 1점 등 최소 두 점 이상이 출토되었는데, 중문지 동남쪽의 초기 자연배수로와 Y자 모양의 동쪽 석축 배수시설이 만나는 지점에 해당한다. 끝으로 8차 조사에서 출토된 길다란 사면목간 1점은 S90, W60~75지점의 트렌치 북쪽의 흑색점토와 유기물층에 박힌 채로 출토되었다.

능산리목간의 출토상황에서 주목되는 것은 중문지 남서쪽의 초기 자연배수로뿐 아니라 동남쪽의 초기 자연배수로, 그리고 구상유구보다 시기가 늦은 제2석축 배수시설에서도 목간이 출토되었다는 점이다. 한편 능사의 사역(寺域)은 원래 저습지였기 때문에, 북쪽 강당지부터 대지가 조성되고 순차적으로 남쪽으로 대지가 조성되면서 사역이 내려갔다고 한다.[9]

이러한 목간출토상황으로 볼 때, 능산리목간은 지게 발채 주변에서 출토된 제1지점의 목간, 중문지 남서쪽의 초기 자연배수로에서 출토된 제2지점의 목간, 중문지 남동쪽의 초기 자연배수로에서 출토된 제3지점의 목간, 제2석축 배수시설에서 출토된 제4지점의 목간으로 나누어서 목간의 작성주체를 검토할 필요가 있다.

그런데 제3지점의 목간은 현재 확인 가능한 것이 1점에 불과하다. 또 제4지점의 목간은 파편이어서, 그 내용과 용도를 추론하기가 매우 어렵다. 또 이 두 지점의 목간들은 출토유구로 볼 때 목간의 작성주체가 능사 외에는 달리 설정하기가 어렵다. 따라서 이 글에서는 작성주체를 파악하기 어려운 제1지점과 제2지점에서 출토된 목간군(木簡群)의 용도와 기능을 집중적으로 분석하려고 한다.

우선 제1지점의 목간은 능사와 관련된 것일 수도 있지만, 중문 앞에 도로유구가 있고, 이 도로는 단순히 능사 사역 내의 도로라기보다는 사비도성 외부에서 능사 앞, 나성의 동문 등을 거쳐 도성 내부로 들어가는 도로와도 연결되었다고 생각되기 때문에, 이 목간의 작성주체는 쉽게 능사로 확정해서는 안 된다고 생각된다. 따라서 제1지점 목간은 작성주체를 검토하는데 있어 목간의 묵서내용이 그 무엇보다도 중요한 관건이 될 수 있다. 이에 유념하면서 제1지점 목간군의 묵서내용과 그 용도를 살펴보도록 하자.

2. 남근형목간과 도제(道祭)

제1지점에서 출토된 목간은 295번, 309번, 314번 목간이다. 이중 314번 목간은 파손된 파편일 뿐만 아니라, 묵서도 판독이 어렵다. 295번과 309번 목간의 묵서내용을 판독하고, 이를 중심으로 제1지점 출토 목간군의 특징을 서술해볼까 한다.

능산리목간에 대해서는 지금까지 여러 연구들이 발표되었지만,[10] 295번 목간보다 더 큰 주목을 받은 것은 없다. 이 목간은 6차 조사 때 능사에서 최초로 발굴된 목간군 속에 포함될 뿐만 아니라, 그 형태가 "남성의 성기(性器)" 모양을 하고 있어, 발굴초기부터 "남근형(男根形) 목간"으로 불리며 화제(話題)가 되었다. 이 목간은 이러한 형태상의 특징으로 인해 주술적인 성격의 목간이라는 견해들이 일찍부터 제기되었지만, 묵서내용을 통해 그 용도를 정확하게 검토한 연구는 없었다.

〈그림 35〉로 알 수 있듯이 이 목간은 단면이 원형에 가까운 원주상(圓柱狀)이며, 자연목(自然木)에 약간의 표면가공만을 가해 다듬은 것으로 생각된다. 길이는 22.6cm, 두께는 2.5cm이다. 〈그림 35〉의 각 면 순서는 『고대목간』에 소개된 것을 따랐다. 제1면을 정면으로 하면, 2면은 그 좌측면, 3면은 그 후면, 4면은 그 우측면이 된다. 이 목간의 상부는 목간의 용도와 관련하여 후술하겠지만 분명 남근(男根) 모양을 의도하고 만들었다고 생각된다. 옆은 295번 〈남근형목간〉에 기록된 각서와 묵서에 대한 필자의 판독안이다. 이후 본고의 목간 판독문에 사용한 기호의 범례는 다음과 같다.

〈목간 판독문의 기호 범례〉

× (파손), • (구멍), ∨ [목간 좌우 V자형 결입부(缺入部)]
□ (글자수를 알지만 판독불능인 경우)
… (글자수도 모르고 판독불능인 경우)
이탤릭체 [이필(異筆)], 윤곽체 [각서(刻書)], 『　』[천지역서(天地逆書)]

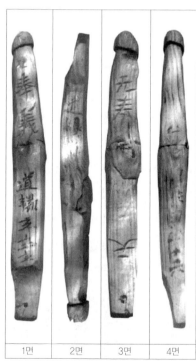

| 1면 | 2면 | 3면 | 4면 |

그림 35. 능산리 295번 목간의 각 면 비교

〈능산리 295번목간〉

(1면) 无奉義　　道楊立立　•

(2면)　•　　　道□

(3면) 无奉　　　　「𡔉」　•

(4면)　　　　□徒□十六　•

이 목간에는 각서(刻書)와 묵서(墨書)가 함께 있다. 더욱이 제1면의 첫 글자인 '무(无)'는 각서한 뒤에 다시 일부 획을 깎아내 지우려고 한 것으로 추정된다. 또 3면의 '천(天)'은 다른 각서들과 달리 특이하게도 글자가 천지역(天地逆)으로 거꾸로 새겨져 있다. 이처럼 이 목간에는 매우 다양한 방식의 서사행위가 하나의 목간에 모두 이루어졌다.

한편 묵서는 각서의 여백이나 측면에 기록된 것으로 보아, 각서보다는 부차적이며, 추기적인 성격의 기록이라고 생각된다. 즉 각서와 묵서 사이에는 시간차가 있었고, 각서가 먼저 기록되었다고 생각된다. 그 이유는 이 목간의 용도를 알려주는 소중한 묵서가 1면에 기록되어 있어, 이를 통해 각서와 묵서를 했던 목간 작성주체의 행위를 어느 정도 유추해볼 수 있기 때문이다.

제1면에는 상부에 '무봉의(无奉義)' 3자가 음각되어 있고, 이 각서 아래에는 5자가 묵서되어 있다. 기존에는 이를 '□道□立十二□'로 읽어 7자가 묵서되어 있는 것으로 판독하였지만,[11] 적외선사진으로 볼 때 5자가 분명하다. 이 묵서는 이 목간의 용도를 이해할 수 있는 매우 중요한 글자들이다. 특히 그동안 판독하지 않은 '道□立'의 가운데 글자가 가장 핵심적인 글자이다. 이 글자는 오른쪽 '衤'변, 왼쪽에 '昜'을 쓴 '禓'인데, '昜' 부분이 '日' 아래에 '豖'을 쓴 이체자(異體字)로 되어있다. 물(勿) 부분이 특이한 이 이체자는 아직 해서(楷書)가 완비되지 않았던, 수당(隋唐) 이전의 서체에 나타나는 특징이다.[12]

〈그림 36〉은 능산리목간의 '양(禓)'을 한국고대의 목간과 금석문 등 문자자료에서 확인되는 '물(勿)'

| 능산리목간 禓 | 덕흥리진묘 陽 | 냉수리비 物 | 함안목간 勿 |

그림 36. 각종 문자자료의 '勿' 부분 이체자(異體字)

부분 이체자들과 비교해본 것이다. 현재까지 필자가 확인한 바로는 이러한 이체자는 〈성산산성목간〉의 '물(勿)'과 〈단양신라적성비〉의 '사(賜)' 등 6세기 중반이 하한으로 나타난다. 따라서 이러한 이체자를 통해서도 능산리목간이 〈창왕명석조사리감〉이 안치된 567년 무렵이나 그 이전에 작성된 것임을 어느 정도 추론할 수 있다.

이 글자를 '양(禓)'으로 읽은 필자의 판독이 틀리지 않았다면, 이 목간은 백제의 '도제(道祭)'에 사용된 신물(神物)이라고 생각된다. 양(禓)은 『설문해자(說文解字)』와 『초학기(初學記)』 등에 '도로의 제사(道上祭)'로 정의되어 있고,[13] 『광운(廣韻)』 양운(陽韻)에는 '도신(道神)'으로, 『예기(禮記)』 교특생(郊特牲)에는 나쁜 귀신을 쫓아내는 나례의식(儺禮儀式)을 의미하는 글자로 나온다.[14] 결국 1면의 묵서 '도양립립립(道禓立立立)'은 '도로(道)의 신(神)인 양(禓)이 일어섰다!!!'는 의미로 해석되며, '립(立)'을 세 번 연속 쓴 것은 감탄을 겸한 강조법의 수사라고 생각된다.

도로의 신인 "양(禓)"이 일어섰다는 것은 무엇을 의미하는 것일까? 백제의 '도제(道祭)'에 대한 자료가 전무한 상황에서 그 내용을 정확히 이해한다는 것은 어렵지만, 백제와 이웃한 신라와 고대일본의 경우에는 각각 "대도제(大道祭)", "도향제(道饗祭)"에 대한 자료가 남아있어, 백제의 도제와 능산리 남근형목간의 용도를 이해하는데 큰 도움이 된다.

특히 고대일본의 경우에는 관련 자료가 풍부해, 도로 제사의 제장(祭場)과 그 목적을 알 수 있다.[15] 『영의해(令義解)』에 의하면, 도향제(道饗祭)는 수도인 경성(京城) 사우(四隅)의 도로(路上)에서 제사지내는데, 바깥으로부터 들어오는 귀매(鬼魅)가 경성에 들어오지 못하도록, 노신(路神)에게 폐백을 올려 이들을 퇴치해주기를 기원하는 제사의례였다.[16] 이때 경성 사우(四隅)란 경성 사방의 외각을 의미한다.

『엔기식[延喜式]』 권8에는 도향제의 축사(祝詞)가 보이는데, 그 내용을 보면 노신(路神)께 많은 폐백을 올리면서, "추하고 좋지 않은 것"이 들어오는 것을 막아주고, 이와 함께 천황(天皇)의 수명장구(壽命長久)와 치세동안의 평안(平安), 친왕(親王) 이하 귀족들의 수호(守護)를 기원하고 있다. 이때 "추하고 좋지 않은 것"이란 외부로부터의 역병(疫病) 즉 전염병, 화마(火魔), 적의 침입 등 모든 "부정(不淨)"한 것이지만, 고대 일본의 경우 역병 퇴치가 가장 대표적인 기원의 대상으로 고정되어 갔으며, 이로 인해 역병이 유행할 때, 임시적인 도향제가 개최되었고, 이후 도향제는 역신제(疫神祭)로 변질되어갔다고 한다.

다음으로 신라의 경우에는 『삼국사기(三國史記)』 제사지(祭祀志)에, "동(東)은 고리(古里), 남(南)은 첨병수(簷井樹), 서(西)는 저수(渚樹), 북(北)은 활병기(活併岐)에서 대도제(大道祭)를 거행하였다"고 기록되어 있다. 신라 대도제의 제장(祭場) 위치는 정확히 알 수 없지만, "고리(古里)"라는 도성의 리명으로 추론해볼 때, 신라 도성(현 경주)의 '동·남·서·북' 사방에 위치하였다고 생각된다. 고대일본의 도향제와 연관시킨다면 대도제를 지낸 이곳들은 신라 도성의 사방 간선(幹線) 도로, 즉 도성으로 들어오는 대도(大道)의 입구가 아닌가 생각된다. 이러한 추론이 허락된다면, 신라에서도 고대일본의 도향제와 유사한 도로제사가 거행되고 있었다고 말할 수 있다.

또 신라의 대도제는 '혹 별제(別制)나 혹 수한(水旱)으로도 행하는 의례이다(上件或因別制, 或因水旱而行之者也)'라는 주(註)가 부기되어 있

는 것으로 보아,[17] 대도제가 정기적으로 거행되었고, 혹 때에 따라 임시
적으로도 거행되었음을 알 수 있다. 특히 수한(水旱)과 같은 자연재해
때 대도제를 거행하였다는 점에서, 신라의 대도제도 국가재난에 대처
하기 위한 국가의례의 성격을 지니고 있었다고 생각된다.

　따라서 백제의 도제(道祭)도 신라의 대도제(大道祭)나 고대일본의 도
향제처럼 도성의 사방 입구나 외곽 도로에서 노신(路神)께 폐백을 올
려, 도성으로 들어오는 온갖 부정한 것들, 예를 들어 역병과 같은 전염
병이나 국가재난 등에 대처하기 위해 거행한 국가의례가 아니었을까
생각된다. 또 백제 도로 제사의 제장(祭場) 역시 신라나 고대일본처럼
도성으로 들어오는 동서남북 사방의 도로와 관련된 곳이었다고 추측된
다.

　남근형목간이 출토된 능산리사지는 앞서 살펴보았듯이 사비도성의
외곽인 동나성(羅城)과 능산리고분군 사이, 좀 더 정확히 말하면, 동나
성의 제3문지(門址)와 능산리고분군 사이에 위치하고 있다. 이곳은 고
대일본에서 도향제(道饗祭)가 열렸던 도성 사방 외곽의 도로와 동질적
인 성격을 지닌 곳이라고 생각된다.

　동나성의 제3문지는 나성의 다른 성문들과 달리 평지에 입지하고 있
고, 규모 면에서도 제일 크다.[18] 당시 동나성의 제3문지는 나성대문(羅
城大門)에 해당했다고 생각된다. 현재에도 이 문지로 부여~논산 간 국
도가 지나가고, 이 길이 공주나 논산방면에서 부여로 들어가는 가장 중
요한 교통로로 사용되고 있다. 따라서 백제 당시 이 문은 각 지방에서

사비도성으로 사람
과 물자들이 가장
빈번하게 드나들던
사비나성의 대문(大
門)이었을 가능성이
매우 높다고 생각된
다.(그림 37 참조)
　더욱이 나성 자체
가 도성의 수호를
목적으로 쌓은 것이
고, 나성대문은 도

그림 37. 동나성의 제3문지(門址) 주변 복원도

성출입을 통제하는 곳이기 때문에, 역병(疫病)이나 온갖 나쁜 기운들이
도성으로 들어오는 것을 차단하기 위해 거행했던 도제의례(道祭儀禮)의
장소로는 이보다 더 적합한 곳이 없다고 생각된다. 결국 〈능산리 남근
형목간〉은 나성대문 밖 능사 아래쪽 도로에서 거행된 도제의례(道祭儀
禮)에 사용된 후, 역병이나 온갖 나쁜 것들을 물에 흘려보낸다는 의도
에서 주변 물웅덩이에 폐기되었다고 생각된다.[19]

　이제 다시 남근형목간의 형태와 묵서내용으로 돌아가 보자. 도제(道
祭)에 사용된 이 목간이 왜 하필이면 "남근(男根)"의 모습을 하고 있을
까? 도신(道神)이 남근으로 표상되는 이유는 무엇 때문일까? 정초(正
初)에 사악한 기운이 집에 들어오는 것을 막기 위해 호랑이와 닭을 문

에 그린다거나,[20] 버드나무를 문에 매다는 것은,[21] 모두 음양오행(陰陽
五行)과 관련된 것으로 '양물(陽物)'을 대표하는 호랑이, 닭, 버드나무
등으로 음습(陰濕)한 기운을 몰아내려고 한 것이다.[22]

그런데 이러한 양물을 대표하는 것으로 "남근"을 빼놓을 수 없다. '양
물'이라는 말은 그 자체가 남근을 상징하는 말로 흔히 쓰인다. 남근형
목간의 1면에 "도신(道神)인 양(禓)이 일어섰다(立立立)"는 말은 바로
남근의 발기(勃起), 즉 "남근이 일어섰다!!! 이제 사악한 귀신과 도깨비
(鬼魅)는 두려워 근접할 수 없다!!!"는 것을 의미하는 것은 아닐까!!!

이러한 점에서 목간 하단을 다듬어 쐐기 형태로 만들고 그 가운데에
직경 3mm의 구멍을 뚫은 점이 주목된다. 기존에는 이 구멍에 끈을 매달
아 어딘가에 걸어둔 것으로 보았지만, "일어섰다!!!(立立立)"라는 점에
주목한다면, 이 장치는 받침대나 어디엔가 꽂아 남근형목간을 세울 수
있도록 고안한 것인 듯하다. 따라서 하단 가운데의 구멍은 이 목간을
받침대나 어딘가에 세울 때, 나무못과 같은 고정장치를 꽂아 넣기 위한
것이 아닐까 생각된다.[23]

노신(路神)인 "도양(道禓)"이 애초부터 중국에서도 남근 형태로 표현
되었는지는 자료를 찾을 수 없었지만, 이와 관련하여 역시 중국의 노신
(路神)인 "도조(道祖)"가 주목된다. 『풍속통의(風俗通義)』에서는 "조(祖)
는 길을 간다(徂)는 뜻이다"라고 해석하고 있지만, 조(祖)는 원래 남성
의 남근 모양을 상형한 글자인 "且"가 원형이다.[24] 양(禓)은 발음도 '양
(陽)'과 동일해, 노신인 도양(道禓)과 도조(道祖)는 동일한 신격이며, 애

초 중국에서도 남근 형태의 신물에서
유래한 것이 아닌가 하는 생각이 든
다.[25)]

　이러한 필자의 추론을 도와주는 것
이 일본의 "도조신(道祖神)" 신앙이
다. 이 도조신 신앙은 앞서 검토한 전
염병을 막기 위해 거행된 고대일본의
'도향제(道饗祭)'와도 연결되는데,

그림 38. 일본의 도쇼신[道祖神]

신앙의례의 신물(神物)로서 "남근"을 사용하고 있다(그림 38 참조). 특
히 주목되는 것은 이러한 도조신 신앙의 전승지역이 고대 한반도의 도
래인(渡來人)들이 거주했던 지역들과 매우 밀접히 연결되어 있다는 점
이다. 이제 〈능산리 남근형목간〉의 출토로 인해, 중국에서 백제를 거쳐
고대일본으로 도조신(道祖神) 신앙이 전파된 과정을 명확히 알 수 있게
되었다.[26)]

　그런데 백제의 도제(道祭)에서 신물(神物)로 사용된 이 남근형목간은
형태나 용도가 모두 후대 조선시대의 '장승'과 맥이 닿아있다. 장승은
경계(境界)의 성표(聖標)로서, 외부로부터의 흉재(凶災)를 막는 "거리
祭" 때 세우며, 지역에 따라서는 목제의 장승 대신에 남근석이 신주로
모셔지기도 한다.[27)] 한편 경주 안압지에서는 20cm 정도의 장승형 신라
목상(木像)이 2점 출토되었다. 이 목상은 크기만 작을 뿐, 얼굴의 표정,
제작법, 하단부가 첨형(尖形)인 점 등 후대의 장승과 표현기법과 형태

가 완전히 일치한다. 결국 한반도에서는 백제 능산리 남근형목간에서 신라의 소형 장승형 목상, 후대 조선의 거대한 목제 장승으로 이어지는 도로 제사(거리祭)와 그 신물(神物)의 계보관계를 상정해볼 수 있다.

끝으로 무리한 감은 있지만, 남근형목간의 각서(刻書)와 묵서의 의미를 제사의 절차와 관련하여 상상해보면 다음과 같다. 우선 제일 먼저 제1면과 그 뒷면인 3면에 각서가 이루어졌다고 생각된다. 이 글자들의 완전한 의미를 알기는 어렵겠지만, '무봉의(无奉義)' 또는 '무봉 천(无奉 天)'은 "(하늘을) 받들지 않겠다"는 뜻으로 이해된다. 이것은 도대체 어떤 목적으로 기록된 것일까?

이규보의 「동명왕편(東明王篇)」에 인용된 『구삼국사(舊三國史)』의 고구려신화에는, 주몽이 흰 사슴을 사로잡아 나무에 거꾸로 매달아놓고, "하늘이 만약 비를 내려 비류국의 왕도를 물바다로 만들지 않는다면 나는 너를 놓아주지 않겠다. 이 고통에서 벗어나고자 한다면, 네가 하늘에 호소해라"고 저주하는 대목이 있다. 결국 그 사슴의 슬피 우는 소리가 하늘에 통해, 비가 이레나 내려 비류국의 왕도는 물바다가 된다.

이러한 주몽의 행위는 비가 오지 않을 때, 접신자(接神者)인 무당을 이불로 돌돌 말아 뙤약볕에 내버려두고, 비가 오기를 기원한 "폭무(暴巫)"와 동일한 맥락에서 이해할 수 있다. "폭무"는 뜨거운 햇볕에 신의 자식인 무당을 노출시켜, 하늘의 동정을 자극하는 방법이다. 사슴은 부여족이 신성시한 동물로서 접신자(接神者)이며, 이 사슴에게 고통을 주는 방식으로 주몽은 하늘을 자극해 자신의 소원을 이루려고 했다고 이해할 수 있다.

이처럼 고대사회에서는 하늘에 대한 공격적이고 자극적인 방식으로 접신을 시도하는 "역설(逆說)의 주술(呪術)"이 쉽게 확인된다. 『니혼쇼기[日本書紀]』에 보이는 태양신인 아마테라스가 동굴에 숨어버리는 일식신화(日蝕神話)도 좋은 예이다. 동굴에 숨은 아마테라스는 자신(태양)이 사라져 땅에는 두려움과 슬픔, 온갖 악이 만연해 인간들이 슬퍼할 것이라 생각했는데, 오히려 인간들은 웃고 떠들고 즐거운 축제를 벌인다. 이것이 오히려 아마테라스를 자극해, 그 스스로 동굴에서 나오고 만다. 이는 인간들이 태양의 부재(不在)를 의식하지 않는, 즉 태양의 존재를 아예 무시하는 방식으로 신을 자극해, 신이 스스로 빨리 출현하도록 유도하는 역설적인 고대일본의 주술적 축제와 관련된 신화라고 생각된다. 신을 부르는 영신가(迎神歌)인 '구지가(龜旨歌)'가 "거북아! 거북아! 머리를 내어라. 만약 내놓지 않으면 구워서 먹으리."라는 역설적인 노랫말로 이루어진 것도 이와 상통한다.

따라서 〈능산리 남근형목간〉에 기록된 "하늘을 받들지 않겠다"는 각서(刻書)도 "신을 무시하는" 듯한 역설적인 문투를 통해, 신이 자극을 받아 오히려 빨리 출현해주기를 바라는 백제인의 의지가 담긴 주술적 표현이라고 생각된다. 특히 제3면의 '천(天)'이 천지역(天地逆)으로 거꾸로 새겨져 있는 것도—마치 현재 중국에서 입춘 때 "복(福)"이라는 글자를 거꾸로 써서 "복"이 하늘에서 빨리 자신에게 떨어지라고 주술적으로 표현하고 있는 것처럼—'천(天)'이 빨리 출현해주기를 바라는 주술적인 서사법(書寫法)이 아닌가 생각된다.[28] 고대일본에서도 액땜을 하는 대불의식용(大祓儀式用) 목간 중에 "약(藥)"이라는 글자를 천지역으로 거꾸로 쓴 목간이 발굴된 바 있다.[29] 이 역시 하늘이 빨리 병을 치유하는 "약(藥)"을 내려주십사 기원하는 뜻으로 그렇게 쓴 것이라고 생각된다.

어쨌든 이러한 소망의 결과로 제1면에 "도신(道神)인 양(禓)이 일어섰다"는 표현이 묵서되었고, 이어 제2면에는 사악한 귀매(鬼魅)가 "추방(追⋯)되었다"는 제사의 효험을, 그리고 마지막 제4면의 숫자는 의례에 참석 또는 준비한 사람들의 수를 표현하였다고 해석하고 싶다. 제4면의 두 번째 글자는 '도(徒)'일 가능성이 있기 때문이다. 이상이 필자가 남근형목간의 각서와 묵서로 추론한 백제 도제 의례의 절차이다.

물론 마지막으로 한 가지 더 첨언하고 싶다. 제1면의 '무(无)'라는 각서에는 앞서 언급한 바와 같이 각서한 것을 다시 지우려고 깎아낸 흔적이 있다. 이는 "하늘을 받들지 않겠다"고 신의 빠른 출현을 위해 본의 아니게 신을 자극했던 역설적 표현을, 제사의 종결시점에 삭제하는 방식으로 "다시 신을 받들겠다"는 의지를 표현한 의례 행위였다고 생각된다.

한편 제1지점에서는 남근형목간 외에도 다음과 같은 〈309번목간〉도 출토되었다. 아래에 그 판독문을 제시하면 다음과 같다.

〈능산리 309번목간〉

·　×　□七□□死　×

·　×　□再拜□　　×

　이 목간은 상·하단이 결실되어 그 전모를 알 수 없지만, 남아있는 '사(死)', '재배(再拜)' 등의 묵서내용만으로도 "죽은 자(死者)"를 위한 의례(儀禮)와 관련된 목간임을 충분히 짐작할 수 있다. 이 목간은 〈남근형목간〉과 동일지점에서 출토되었고, '재배(再拜)'는 의례절차에 등장할 수 있는 어휘이므로, 혹 백제 도제(道祭)의 의례절차를 기록한 홀기(笏記)로 볼 여지도 없지 않다. 물론 "죽은 자"의 부정(不淨)을 경외(京外)로 내모는 대불의식(大祓儀式)과 관련된 목간일 수도 있겠다. 〈309번목간〉 역시 〈남근형목간〉과 마찬가지로, 이들 목간이 출토된 제1지점이 의례와 관련된 공간이라는 점을 다시 한 번 강렬하게 암시한다.

　지금까지의 추론이 허락된다면, 〈능산리 남근형목간〉이 출토된 지점은 일상적인 공간이라기보다는 의례가 열리는 특수한 공간이었다고 말할 수 있다. 〈능산리 남근형목간〉을 제작하고, 도제(道祭)를 주관했던 주체는 일단 백제의 제사담당 관청으로 볼 수 있다. 이 경우 22부 중 공덕부(功德部)나 일관부(日官部) 등이 떠오르지만, "능사(陵寺)"측에 이러한 제사의식을 일임하였을 가능성도 있겠다.

　능산리목간의 주체에 대해서는 나머지 다른 능산리목간의 내용을 좀 더 상세히 분석한 뒤라야 윤곽을 잡을 수 있겠지만, 〈능산리 남근형목간〉의 용도로 볼 때, 나머지 능산리목간들을 분석할 때도 능산리목간의 출토지점이 "사비도성의 경계(境界)"였다는 점에 특별히 유념할 필요가 있다고 생각된다. 또 〈능산리 남근형목간〉의 작성주체가 "능사"라고 하더라도 능사의 입지조건이 도성의 경계나 입구에 있었다는 점에 주의할 필요가 있다.

한편 고대일본의 도향제(道饗祭)가 도성(都城)의 성립을 전제로 한 국가의례라는 점에서,[30] 백제 도제(道祭)의 신물(神物)로 제작된 〈남근형목간〉도 사비도성이 성립한 이후에 제작된 것이라고 생각된다. 따라서 능산리목간은 사비로 천도하는 538년 이후에 만들어진 것이 분명하다. 이러한 점에서 능산리목간을 나성축조와 관련된 목간으로 이해한 기존의 견해는 재고될 필요가 있다.

3. 나성대문(羅城大門)의 금위(禁衛)

능산리목간의 거의 대부분은 이제부터 검토할 중문 남서쪽의 초기 자연배수로, 즉 필자의 구분에 의하면 제2지점에서 출토되었다. 중문 남서쪽의 초기 자연배수로는 능사 건립과정 중에 사용되었던 유구일 수는 있지만, 아직 발굴되지 않은 능사 서편의 건물지하고도 연결되기 때문에, 이곳이 발굴되기 전까지는 제2지점의 목간들을 오로지 능사의 건립과 연관지우는 것은 문제가 있다고 생각된다.

특히 능사의 서쪽편 나성은 자연지형을 따라 건립된 것이 아니라 옹성과 같이 서쪽으로 만곡(彎曲)된 특이한 구조를 하고 있다. 이 옹성과 같은 나성과 능사 사이에는 능사가 아닌 나성과 관련된 시설이 건립되어 있었을 수도 있기 때문에, 이 지역의 발굴결과를 기다려야 제2지점 출토 능산리목간의 작성주체를 보다 정확하게 파악할 수 있다고 생각된다. 그런데 성급한 판단일지 모르겠지만, 제2지점에서 최후로 발굴된 〈능산리 사면목간〉의 묵서에서는 작성주체가 능사가 아닌 "나성"과 관련된 측면이 엿보인다.

능사에 대한 8차 조사에서 발굴된 이 〈사면목간〉 1점은 매우 공들여 다듬은 단면 사각형의 막대 형태를 하고 있다. 아쉽게도 하단이 파손되었지만, 사비천도 이후의 역사적 상황을 이해할 수 있는 매우 소중한 내용이 기록되어 있다. 필자는 2004년 11월 13일 국립부여박물관(國立扶餘博物館)에서 이 목간을 직접 실견하였고, 두 차례에 걸쳐 목간의 상태(狀態)와 묵서(墨書)를 상세히 조사하였다. 또 2007년 1월 한국목간학회 주체

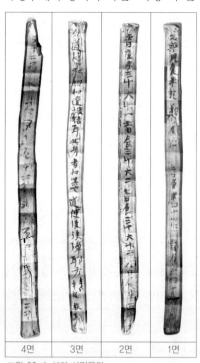

| 4면 | 3면 | 2면 | 1면 |

그림 39. 능산리 사면목간

국제학술대회에서는 이 목간의 적외선사진이 공개되었다.

이 목간의 현존 길이는 44㎝이고 각 면의 폭은 2㎝ 정도다. 기왕에 출토된 한국고대의 다른 다면목간들과 마찬가지로 이 사면목간의 묵서도 그 내용으로 볼 때 한문을 쓰는 서사방향과 똑같이, 위에서 아래로, 다시 우에서 좌로 써내려갔다. 즉 목간의 어떤 한 면을 제1면으로 정했다면, 제2면은 제1면의 좌측면이 되는 식으로 좌측면 방향으로 내용이 계속 이어진다. 이 목간의 묵서에 대한 필자의 판독안을 소개하면 다음과 같다.[31]

〈능산리 사면목간〉

(1면) 支藥兒食米記 初日食四斗 二日食米四斗小升一 三日食米四斗 ×

(2면) 五日食米三斗大升[32] 六日食三斗大二 七日食三斗大升二 九日食米四斗大[33] ×

(3면) □道使△次如逢小吏[34]猪[35]耳其身者如黑也 道使復□[36]彌耶方 牟氏 牟□[37] □[38]耶 ×

(4면) × 又十二石又十二石又十二石十二石又十二石又十二石又十二石

종래 이 목간은 도사(道使)에게 식미(食米)를 지급한 사실을 기록한 장부(帳簿)로 해석되었다.[39] 그러나 필자의 판독이 틀리지 않았다면, 이 목간은 내용상 '제1~2면', '제3면', '제4면'으로 각각 나누어지며, 이 중 '제1~2면'은 「지약아식미기(支藥兒食米記)」로 명명(命名)해도 좋을 백제 어느 관청의 장부가 분명하고, '제3면'은 이와는 성격을 달리하는 또 다른 장부라고 생각된다. 이 '제3면' 장부의 명칭은 파손된 제2면의 하단에 기록되어 있었을 가능성도 있다. 한편 '제4면'은 나머지 1~3면과 서사방향이 반대로 되어 있고, '又十二石'이라는 간단한 문구가 계속적으로 반복되고 있다는 점에서, 1~3면을 기록한 후 이 목간을 폐기하기 전에, 누군가가 사용하지 않은 목간의 '제4면'을 습서용, 즉 글자 연습용으로 재활용한 뒤, 폐기한 것이 아닌가 생각된다.

이 목간에는 기존의 백제자료에서는 전혀 찾아볼 수 없었던, '지약아(支藥兒)'와 같은 관청 말단의 사역인(使役人) 제도를 비롯해, 대승(大升), 소승(小升)의 도량형제(度量衡制) 등 매우 독특한 내용들이 기록되어 있기 때문에, 지금까지 발굴된 백제목간 중에서도 매우 의미있는 출토문자자료라고 생각된다. 더욱이 능산리목간은 6세기 중반에 작성되었다는 명확한 작성연대를 갖고 있다.

우선 '1~2면'의 「지약아식미기」에 주목해보자. '지약아(支藥兒)'는 무슨 뜻일까? 고대일본의 『엔기식[延喜式]』에도 '상약소아(嘗藥小兒)',[40] '객작아(客作兒)',[41] '조주아(造酒兒)'[42] 등 접미어(接尾語)로 '아(兒)'가 붙는 국가의 여러 잡무를 수행했던, 최말단의 사역인이 확인된다.[43] 백제의 '지약아'는 그 이름으로 볼 때, '약재를 지급하는 일을 담당했던 사역인'이라고 추정된다. 따라서 '지약아'는 식미를 받은 사역인이라고 생각되며, 「지약아식미기」는 '지약아에게 준 식미의 기록부(장부)'라고 풀이할 수 있다.

「지약아식미기」는 일별(日別)로 의도적으로 띄어쓰기하여 단락을 구분하였다. 제1면의 하단에 '三日'이라는 기록이 있고, 제2면에서 '五

日', '六日', '七日' 기록이 연속되고 있기 때문에, 1면 하단의 파손부분에 '四日'에 관한 기록이 있었을 가능성이 높다. 이러한 추론이 허락된다면, 이 목간의 원래 길이는 60~70㎝ 정도였고, 현재 그 2/3 정도가 남아있는 것으로 추정된다. 한편 몇 월(月)이 기록되어 있지 않은 점으로 보아, 이 목간을 기초자료로 하여 그 달치의 전체 장부가 새롭게 작성되었을 가능성도 있다. 1~3면까지만 쓰고 나머지 한 면이 습서용으로 재활용된 것만 봐도 이 목간은 최종적인 장부용목간이라기보다 그러한 장부를 작성하기 위해 준비한 중간단계의 메모였음을 알 수 있다.

다음으로 식미(食米)의 양(量)을 살펴보자. 우선 '六日'의 '三斗大二'는 '七日'의 '三斗大升二'와 동일한 의미의 약기(略記)라고 생각된다. 또 '九日'의 '四斗大' 역시 그 이하가 파손되었지만, 다른 일별 기록과 마찬가지로 '四斗大(升)'의 의미로 이해된다. 이러한 필자의 추론이 허락된다면, 이 목간에 기록된 '大'와 '小'는 '大升', '小升'의 약기(略記)라고 생각되며, 중국 한대(漢代)의 대승반(大半升), 소승반(少半升)의 양제(量制)와는 분명히 다르다고 생각된다.[44] 그런데 위 목간의 '大升', '小升' 아래에 'ㅡ' 또는 '二'가 부기(附記)되어 있는 것으로 보아, 한대의 대, 소의 반승제(半升制)처럼 일정한 목적 하에,[45] 당시 백제에서도 대승(大升)과 소승(小升)의 양기(量器)를 별도로 만들어 일반적인 1되(一升)짜리 됫박과 함께 사용하고 있었던 것으로 추정된다.

그렇다면 대승과 소승의 부피는 얼마였을까? 또 왜 이러한 양기(量器)를 만들었던 것일까? 위 목간의 묵서만으로도 이에 대한 추론이 어느 정도 가능하다. 이와 관련하여 우선 식미의 양이 일별로 달랐다는 점이 주목된다. 식미의 양이 많은 순으로 나열하면, 四斗大(9일), 四斗小升一 (2일), 四斗(1일), 三斗大升二(6일, 7일), 三斗大升(5일)으로 나타난다. 이처럼 일별로 식미의 양이 달랐던 것은 식미를 받은 '지약아'의 인원수가 달랐기 때문일 것이다. 그렇다면 1일보다 2일에 '小升一'이 증가하였는데, 이 증가한 양(量)이 지약아의 인별 식미일당(食米日當)과 비례하는 수치일 가능성이 있다.

여기에서 좀 더 억측해본다면 인원이 늘어날 때마다 소승1, 대승1, 대승2, 1두(斗)로 증가하였던 것이 아닌가 추정되며, 대승2가 1두보다는 분명히 작아야 하므로, 대승1은 5승보다는 반드시 작아야 한다. 결과적으로 소승은 2승기(升器)이며, 대승은 4승기(升器)라고 생각된다. 이러한 추론에 의거하면, 인별로 일일(一日)에 2승씩 지급되었고, 날마다 지급된 식미량은 각각 40승(1일), 42승(2일), 34승(5일), 38승(6일, 7일), 44승(9일)으로 계산할 수 있다. 따라서 식미를 받은 지약아의 인원수는 날마다 일정하지 않았고, 많은 날엔 22인, 적은 날엔 17인의 지약아에게 식미가 지급되었다고 생각된다.

물론 백제의 대, 소승에 관한 또 다른 자료가 나오기 전까지는 이 대승과 소승의 구체적인 양이나 그 제도의 목적을 정확하게 이해하는 것은 어렵겠지만, 「지약아식미기」로 볼 때 이러한 양제나 도량형기는 관인(사역인)에게 지급되던 일별의 식미 양과 일정한 관련이 있으며, 아마도 식미 지급의 효율성을 높이기 위해 별도로 소승기(小升器, 1인분

의 식미)와 대승기(大升器, 2인분의 식미)를 만들었던 것이 아닌가 생각
된다.[46] 이러한 추론이 가능하다면, 이는 6세기 중반 백제의 관인 급여
제에 관한 최초의 자료가 되는 셈이다.

그런데 이러한 지약아에게 준 식미를 기록했던 장부가 왜 나성대문
바깥에 폐기되었던 것일까? 이 지약아와 관련해서는 백제 22부 관청의
하나인 '약부(藥部)'가 우선 떠오르지만, 약부가 나성대문 바깥에 존재
하고 있었을 가능성은 거의 없다고 생각된다. 결국 이에 대한 답은 아
직도 검토하지 않은 나머지 제3면을 함께 검토한 뒤라야—즉 이 〈사면
목간〉의 작성주체를 확정한 뒤라야—어느 정도 윤곽이 잡힐 것으로 생
각된다.

제3면은 해석이 어렵다. 그러나 우선 '기신자여흑야(其身者如黑也)'
다음에 의도적인 띄어쓰기가 있어,[47] 앞 뒤 두 개의 문장으로 나눌 수
있다. 뒷 문장의 첫머리에 기록된 '도사(道使)'는 명확히 백제 지방관의
직함이다. 또 '도사' 앞에 구체적인 지명이 기록되어 있지 않은 점으로
보아, 앞 문장의 첫머리도 '△, 道使△次'로 의미가 끊어진다고 생각된
다. 또 '其身者如黑也'는 '其'라는 대명사(代名詞)를 통해 앞 문장과 연
결되어 있음을 알 수 있다. 따라서 첫 번째 문장은 '△, 道使△次如逢小
吏猪耳, 其身者如黑也'로 끊어 읽을 수 있다.

그런데 두 번째 문장의 탄야방(彈耶方) 아래의 '牟氏, 牟△'는 2행의
할주형식(割註形式)으로 기록되었다는 점에서 탄야방에 종속된 부분이
분명하다. 그런데 이 '모씨(牟氏)'를 비롯해 첫 번째 문장의 도사(道使)

뒤의 '△차(△次)' 등은 「계유명아미타삼존불비상(癸酉銘阿彌陀三尊佛碑像, 673년)」이나 「계유명삼존천불비상(癸酉銘三尊千佛碑像, 673년)」에 등장하는 모씨(牟氏), 미차(彌次), 신차(身次), 상차(上次) 등의 백제유민(百濟遺民)들과 이름이 같거나, 인명어미가 동일하다는 점에서 모두 인명이라고 생각된다.[48] 그렇다면 두 번째 문장의 '道使, 復△'도 직함과 인명을 기록한 것으로 추론되며, '小吏, 猪耳'도 직함과 인명으로 여겨진다.

한편 지방관인 '도사'와 '인명'이 나열되고, 그에 이어 같은 방식으로 '탄야방'과 '인명'이 나열되고 있는 점에 주목할 때, 탄야방의 '방(方)'은 백제에서 지방행정단위로 기능했던 오방제(五方制)의 '방'과 관련된 것이 아닌가 생각된다. 이 경우 탄야방은 지명이고 이어지는 부기된 인명은 그곳에 적(籍)을 둔 사람으로 이해할 수 있다.

그렇다고 하더라도 5방제는 백제 전역을 동·서·남·북·중으로 나눈 광역의 행정구역이라는 점에서 탄야방과는 성격을 달리한다. 이와 관련하여 킨메이천황(欽明天皇) 13년(552년)에, "백제가 한성(漢城)과 평양(平壤)을 포기하고, 신라가 한성에 입거(入居)하였는데, 지금 신라의 우두방(牛頭方)과 니미방(尼彌方)이다"라고 되어 있는 『니혼쇼기』의 기사가 주목된다. 물론 이 기사에는 '우두방'과 '니미방'이 신라의 지명으로 되어 있지만, 신라에서는 '방제(方制)'가 확인되지 않는다. 이 자료를 위 목간의 '탄야방'과 관련하여 적극적으로 해석한다면, '우두방'과 '니미방'은 신라 자체에서 명명(命名)한 지명이라기보다는 백제의 우두방과 니미방을 이때 신라가 점령했었다는 의미로 이해하는 것이 옳지 않을까 생각된다.

이러한 추론이 허락된다면, 백제에서는 6세기 중반에 광역행정구획인 '5방제'와는 성격을 달리하는, '방(方)'이라는 지방행정제도가 존재하고 있었다고 말할 수 있다. 이미 위 『니혼쇼기』의 기사를 바탕으로 백제 방제의 시원을 5세기말 단계로 소급한 견해가 학계에 제기되어 있는데,[49] 능산리 사면목간의 발견으로 그 가능성이 더욱 높아지게 되었다. 필자는 광역의 오방제가 성립되기 이전에 백제에서 실시되었던 '22담로(檐魯)'가 우두방, 니미방, 탄야방과 같은 방제로 변모해갔거나, '담로(檐魯)' 그 자체가 '방(方)'을 뜻하는 백제의 고유어 음차일 가능성도 있다고 생각된다. 이후 이러한 소방(小方)들은 광역의 5방제가 성립하는 과정에서 군(郡)으로 재편되어갔던 것이 아닌가 억측해본다. 지금까지의 검토를 기초로 능산리 사면목간의 제3면은 다음과 같이 해석할 수 있다.

△, 道使(도사)인 △次(△차)와 여봉(如逢), 소리(小吏)인 저이(猪耳), 그 몸이 검은 것 같다(其身者如黑也).// 도사(道使)인 복△(復△), 탄야방(彈耶方)의 모씨(牟氏)와 모△(牟△), △야(△耶)… (누구는 어떠어떠하다).//

이처럼 제3면은 크게 두 개의 문장으로 구성되어 있다고 생각된다. 하단의 파손이 있어 명확하지는 않지만, 전반부의 투식이 서로 일치한다는 점에서 두 단락은 동일한 양식으로 기록되었을 가능성이 높다. 즉 먼저 '직함(또는 지명)+인명'의 형식으로 사람들을 나열하고, 이어 그들의 신체적 특징이나 그와 유사한 관련사실 등을 주기(註記)한 장부였다고 생각된다. 그런데 3면에 나열된 인물들은 '도사'라는 지방관, 그리고 '탄야방'에 적을 둔 지방인들이어서, 이들은 모두 '지방거주자'라는 공통점이 있다. [50]

이러한 추론을 염두에 두고, '제1~2면'의「지약아식미기」에 다시 주목해본다면, 이 '지약아'들도 "도성 바깥"에서 도성으로 약재를 공급하는 일을 담당하였던 것이 아닌가 짐작된다. 물론 현재 이와 관련된 백제측 자료는 남아있지 않지만, 백제에서 '의박사(醫博士)'나 '채약사(採藥師)'가 왜국(倭國)의 요청에 의해 일본으로 건너갔다는 점에서, [51] 백제의 사정을 추론하는데 고대일본의 약재공급시스템을 활용할 필요가 있다.

고대일본의 경우, 아스카[飛鳥]의 원지(園池) 유구에서 약재 관련 목간이 출토되었는데, 이는 7세기 후반 궁전에 부속되었던 원지에서 약재를 재배하고 있었음을 알려준다고 한다. [52] 또한 후지와라쿄[藤原宮] 유적에서는 지방에서 중앙으로 약재를 공납할 때 사용했던 꼬리표목간이 많이 발견되었다. [53]

따라서 백제에서도 도성 바깥 인근의 약전(藥田)에서 재배된 약재가 채약, 건조되어 도성으로 공급되었거나, 아니면 아예 지방에서 중앙으로 약재를 공납하였을 가능성이 있다. 이때 이러한 약재공급을 담당한 사역인이 바로 '지약아(支藥兒)'가 아닌가 생각된다.[54] 〈사면목간〉을 작성한 주체는 이 지약아들에게 식미를 지급한 자이므로, 이들이 도성 바깥의 약전(藥田)과 약재의 공급까지도 관할하고 있었다고 말할 수 있다.

이와 관련하여 주목되는 것은 후술하지만 제2지점 출토 능산리목간 중에, '배밭(梨田)'[55]이나 '대나무밭(竹山)'[56] 등과 같이, "생산시설"이 기록된 목간들이 다수 확인된다는 점이다. 이러한 목간들과 앞서 검토한 〈사면목간〉을 연결 지어 본다면, 이 목간들의 작성주체는 배밭(梨田)이나 약전(藥田) 등과 같은 도성 바깥의 생산시설을 관리하고 그 물품의 수급(需給)까지도 관할하였던 자라고 말할 수 있다.

그런데 만약 이 목간들의 작성주체가 능사 건립만을 담당한 관리였다면, 이들이 "배밭"과 같은 농장시설을 관리하였다는 것은 어울리지 않는다. 또 〈사면목간〉 제3면에 기록된 지방거주자들의 상경(上京) 목적이 능사의 건립과 관련된 요역 차출이었다면, 도사(道使) 앞에 구체적인 지명이 명기되지 않고, 또 도사를 다른 방인(方人)들과 함께 섞어 관민(官民)이나 지역 구분 없이 나열하고 있는 점이 문제가 된다. 이들이 지역단위로 요역 차출되었다면, 지방관과 지방인을 지역단위로 묶어 구분하였을 가능성이 높은데, 제3면의 기록은 그러한 방식과는 거리가 멀다. 결국 〈사면목간〉의 작성주체는 지방거주자는 물론, 도성 인근이나 지방에서 생산한 물자(物資)까지도 통제할 수 있었던 자였다고 생각된다.

능산리목간이 출토된 지점은 〈남근형목간〉을 검토할 때 이미 확인하였듯이, 도성의 입구였던 나성대문(羅城大門) 바로 밖이다. 이곳은 지방인들이 도성과 만나는 접점이었다. 수많은 지방거주자들과 지방에서 생산된 많은 물자들이 이 나성대문을 통해 도성 안으로 들어갔을 것이 분명하다. 특히 고대사회에서는 물적 기초가 '인신(人身)'이었기 때문에, 공사(公私)를 불문하고 모든 사람의 통행은 국가의 통제를 받았다. 특히 도성은 왕이 거주하는 궁궐이 있고, 그 출입이 '궁위령(宮衛令)'으로 감시 통제되는, 국가권력이 집주한 핵심공간이라는 점에서, 도성의 입구인 나성대문 역시 엄격한 출입통제가 있었을 가능성이 매우 높다.

〈사면목간〉의 묵서내용과 도성의 입구라는 목간출토지점의 성격을 서로 연결시켜 보면, 이 목간의 작성주체는 일차적으로 상경하는 지방거주자들과 지방에서 올라온 물자들의 출입을 통제하였던, "나성대문의 금위(禁衛)를 책임진 관리"들을 상정할 수 있다. 이와 관련하여 다음 능산리 297번 목간도 주목된다.

〈능산리 297번 목간〉 (24.5×2.6×1.0cm)

· □城下部對德疏加鹵

이 297번 목간은 세장형이며, 완형이다. 한 면에만 묵서가 있고, 길이는 24.5cm이다. 기존의 판독에서는 첫 글자를 '한(韓)'으로 읽기도 하였는데, 이 글자의 좌변은 현재 묵서가 불분명하다. 소속 지명(부명)과 관등, 인명이 기록되어 있는 점으로 보아, 나성대문을 통과할 때 사용된 관인의 신분증명서였을 가능성이 높다. 따라서 이 297번 목간 역시 나성대문의 금위와 관련된 목간일 수 있다.

그러나 〈능산리 사면목간〉의 작성주체를 확정하는 것은, 아직 능사의 건립과정이나 능사의 기능에 대해 알고 있는 것이 거의 없기 때문에, 능산리에서 출토된 다른 목간자료들을 좀 더 검토한 뒤라야 보다 정확하게 판단할 수 있다고 생각된다. 이제부터는 남겨놓은 다른 능산리목간을 검토하면서, 능산리목간의 작성주체를 다시 한 번 고민하여 보도록 하자.

4. 능산리목간의 작성주체

1) 불교 및 제사 관련 목간

〈능산리 사면목간〉이 출토된 제2지점에서는 불교와 관련된 목간도 꽤 많이 발굴되었다. 능사 발굴자들이 애초 능산리목간을 "능사(陵寺)"와 관련된 것으로 쉽게 단정한 것도 바로 이 목간들 때문이다.

아래 304번 목간은 하단부가 파손되어 상부 일부만이 남아있다. 두께가 0.3㎝ 정도로 얇으며, 원형은 세장형의 기본형목간일 수도 있지만, 이 목간의 용도가 후술하듯이 석탄일 의례참가 승려명단 중 하나라면 편철용의 구멍이 하단에 있었을 가능성도 있다.

묵서내용을 보면 앞면에는 '4월 7일(四月 七日)'이라는 날짜, '보희사

‘(寶憙寺)’라는 사찰명(寺刹名), 그리고 그 소속 승려들로 생각되는 ‘지진(智眞)’, ‘승□(乘□)’ 등의 인명이 기록되어 있다. 한편 뒷면에는 ‘염(塩)’, 즉 소금과 그 수량 ‘2석(石)’을 ‘보냈다(送)’는 내용이 기록되어 있다.[57] 한편 이 목간의 뒷면은 앞면과 글자의 서사방향(書寫方向)이 서로 반대이며, 또 이 필(異筆)이라고 생각된다. 옆은 이 목간의 적외선사진과 묵서 판독문이다.

이 목간은 4월 7일이라는 날짜로 볼 때, 석가탄신일 의례에 참석하러 온 보희사 승려들을 정리한 명단 중의 하나라고 추정된다.[58] 그 이면의 묵서는 필체가 다르다는 점에서, 앞면의 묵서와 일정한 관련은 있지만 다른 사람이 쓴 추기(追記)였다고 생각된다. 이 경우 석탄일 의례 후 참석한 승려들에게(또는 소속사찰인 보희사에) 답례로 보낸 소금 2석을 기록한 것일 가능성이 있으며, 장차의 출납장부 정리를 위해 앞면과 연결시킨 추기 메모라고 생각된다.

이러한 목간 서사방식에 유념한다면, 이 의례를 주관한 측에서는 업무가 여러 사람에 의해 분장되어 있었고, 또 승려들의 출석명단이 있는 것으로 보아 이때의 의례에는 보희사 승려만이 아니라 여러 사찰 소속

〈능산리 304번 목간〉

· 四月七日 寶憙寺 智眞 乘□ ×

· × □送塩二石

| 304번목간 앞면 | 304번목간 뒷면 |

그림 40. 능산리 304번목간 앞 · 뒷면 서체비교

의 승려가 더 참석하였던 것으로 짐작
된다.

그러한 가능성은 다음 313번 목간을
통해서도 어느 정도 짐작할 수 있다.
313번 목간은 길이 7.8㎝로서 매우 작지
만, 완전한 형태로 발굴되었다. 목간의
상단 양쪽에 V字형 결입부가 파여 있
어, 어딘가에 매달기 위해 만든 부찰형
목간임을 알 수 있다. 묵서된 내용은 앞
면에 '자기사(子基寺)'라는 사찰명이 읽
히며, 그 이면에도 묵흔이 있는 것 같지
만, 판독은 불가능한 상태이다.

〈능산리 313번 목간〉

· ∨ 子基寺
· ∨ …

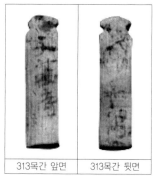

| 313목간 앞면 | 313목간 뒷면 |

그림 41. 313번목간 앞 · 뒷면 묵서비교

이 목간은 형태가 부찰형목간이라는 점에서, 그 용도는 '자기사(子基
寺)'에서 물품에 매달아 목간 출토지점으로 보낸 경우, 아니면 목간 출
토지점에서 '자기사'와 관련하여 제작하였을 경우, 이 두 가지 예를 크
게 벗어나지 않는다고 생각된다. 어떤 것이든 이 목간은 사람과 물품의
이동이나 창고정리를 위한 '꼬리표목간'으로 사용되었다고 말할 수 있
다. 이 313번 목간을 통해 목간 출토지점과 '자기사' 사이에 인적 또는
물적인 소통이 이루어지고 있었음을 분명히 알 수 있다.

지금까지 살펴본 304번과 313번 목간으로 볼 때, 능산리목간의 작성
주체들은 보희사, 자기사 등 여러 사찰과 인적, 물적으로 상호 소통관

계를 맺고 있었다고 말할 수 있다. 304번 목간이 석탄일 의례와 관련되어 있다는 필자의 추론이 틀렸다고 하더라도, 능산리목간의 작성주체들이 보희사나 자기사와 같은 불교사찰과 어떠한 형식으로든 일정한 관계를 맺고 있었다는 것은 변함이 없기 때문에 이러한 추론은 충분히 가능하다. 현재 보희사와 자기사 두 사례의 목간 밖에 없지만, 이 목간들로 볼 때 능산리목간의 작성주체는 그 외의 다른 사찰들과도 연계되어 있었을 개연성이 매우 크다.

이러한 성격의 목간을 작성한 주체는 목간 출토지점의 주변 환경으로 볼 때, "능사(陵寺)"라는 불교사찰 외에는 달리 설정하기가 어렵다. 다음 목간도 이러한 필자의 추론을 도와준다. 아래 305번 목간은 백제의 시가(詩歌)가 기록되어 있는 목간으로 소개되었지만,[59] 당시에는 이 목간의 다른 이면(裏面) 묵서가 논외로 취급된 문제가 있기 때문에, 그 용도와 관련하여 좀 더 주의가 필요하다. 이 목간은 길이 12.7㎝, 너비 3.0㎝, 두께 1.1㎝로 다른 목간에 비해 넓고 두꺼워 목독(木牘)이라고 말하는 편이 보다 정확하다. 옆은 그 판독문이다.

〈능산리 305번 목간〉

宿世結業同生一處是
非相問上拜白 來

· 慧暉　　前

| 305번 앞면 | 305번 뒷면 |

그림 42. 305번 목간의 앞·뒷면

우선 숙세(宿世) 이하는 2행의 소자(小字)로, 그 이면은 1행 대자(大字)로 되어 있다. 기존에는 이면의 '혜휘(慧暉)'와 '전(前)' 사이에 한 글자가 더 있는 것으로 판독하였으나, 『고대목간』의 적외선사진으로 볼 때, 묵흔은 있으나 글자의 일부 획으로 느껴져 혹 오자(誤字)를 서도(書刀)로 깎아낸 부분이 아닌가 생각된다. 필자의 판독이 틀리지 않았다면, 이 목간은 누군가가 혜휘(慧暉)에게 보낸 서간(書簡)이라고 추정된다.[60] 이에 의한다면 이면이 오히려 이 목간의 앞면이 되며, 숙세(宿世) 이하는 편지내용 부분이 된다. 이 서간을 받은 '혜휘'는 목간의 폐기과정을 고려할 때, 목간출토지점에 거주하였던 인물이라고 추정된다.

능산리목간에는 인명이 많이 기록되어 있는데, 나솔(奈率), 대덕(對德) 등 관등을 가진 속인(俗人)들은 모두 한화(漢化)되지 않은 토속적인 인명인데 비해, 앞서 검토한 304번 목간으로 알 수 있듯이, 승려이름은 모두 한화된 인명이라는 특징이 있다. 따라서 혜휘는 서간의 내용으로나, 작명방식으로나 승려일 가능성이 매우 높다. 이러한 필자의 추론이 틀리지 않았다면, 목간출토지점에는 승려가 상주하고 있었다고 말할 수 있다.

물론 이 목간이 외부 다른 사찰의 승려인 혜휘에게 보내는 서간을 습서하고 그것을 폐기한 것이라면, 그는 속인일 수도 있다. 그렇지만 이 서간은 내용상으로도 속인의 글로는 보기 어렵기 때문에, 편지를 쓴 자도 혜휘와 같은 승려일 가능성이 높다. 또 이 목간은 정교하게 다듬었고, 앞면에 '혜휘 전(慧暉 前)'만을 대자(大字)로 쓴 점 등으로 볼 때, 습서목간으로 단순화하기에는 어려운 점이 많다.

지금까지 능산리목간과 그 작성주체를 규명하기 위해 능산리목간 중 불교관련목간을 검토하여 보았다. 그 결과 목간출토지점은 여러 사찰과 인적, 물적인 소통관계를 맺고 있었고, 승려도 상주하고 있었을 가능성이 높았다. 이러한 점에서 추론해본다면 초기 자연배수로가 질서정연한 석축배수로로 덮히기 전에, 즉 능사가 최종 완공되기 전에도, 이미 이곳은 불교사찰로서의 기능을 수행하고 있었던 것이 아닌가 생각된다. 이와 관련하여 제3지점에서 출토된 다음 299번 목간이 주목된다.

〈능산리 299번 목간〉

三貴	至丈	牟母	□久
五辛	至久	女貴	□文
□丁	因貴		

· 乙乙乙/ 乙乙乙/ 乙乙乙/ 乙乙乙/ 乙乙乙/ 乙乙乙/ 乙乙乙/

299번 목간은 길이·폭·두께가 15.3×1.8×0.2㎝인데, 완형은 아니며, 그 좌변에 종(縱)으로 잘라낸 폐기행정(廢棄行程)이 엿보인다. 따라서 원래의 폭은 1.8㎝보다 넓었을 것으로 생각된다. 또 앞면의 상단 오른쪽은 의도적으로 모를 죽였다. 현재 남아있지 않은 잘려져 나간 앞면 상단 왼쪽에도 대칭적으로 모를 죽였을 가능성이 높다. 위는 판독문이다.

이 목간의 앞면에는 상단부터 일정한 간격을 두고 횡으로 괘선(罫線)

을 그어 구획하고, 三貴, □貴, 女貴 등의 어휘들이 나열되어 있다. 반복되고 있는 '○貴'라는 표현은 '저미문귀(姐彌文貴)' 장군(將軍)을 비롯하여 윤귀(尹貴), 귀문(貴文), 구귀(久貴), 삼귀(三貴), 귀지(貴智)처럼 『니혼쇼키』에 등장하는 백제인 이름으로 빈번히 확인된다는 점에서 인명이라고 생각된다.[61] 그런데 필자가 至丈, 至久, □久 등으로 판독한 부분을 기존에는 각각 至女, 至父, 兄父로 읽어 친족관계호칭으로 이해하였다. 그러나 이

| 299번 앞면 | 299번 뒷면 |

그림 43. 299번 목간의 앞·뒷면

목간의 적외선사진으로 볼 때, 이를 친족관계호칭으로 판독하는 것은 무리라고 생각된다. 앞면에 나열된 어휘는 모두 인명으로 보는 것이 보다 합리적이다.

이 목간의 용도와 관련하여서는 우선 목간의 폭이 넓고, 상단 좌우의 모를 죽인 규두(圭頭) 형태를 하고 있다는 점이 주목된다. 또 목간의 뒷면에 '乙'과 같은 형태의 반복적인 부호가 전면을 채웠다는 점도 특이하다. 이러한 형태나 서사방식은 부적(符籍), 주부(呪符) 목간과 일맥상통하는 점이 있다.[62] 필자는 규두형태의 목간에 괘선을 긋고 여러 인명을 순차적으로 나열하고 있는 이 목간이 능사의 제사의례에 사용된 위패가 아닌가 생각하고 있다. 이 경우 이 목간 좌변의 의도적인 폐기행

정은, 백제가 제사에 사용한 토기를 '훼기(毁棄)' 하였던 것처럼,[63] 의례의 마지막 절차였을지도 모른다.[64]

지금까지 살펴본 바에 의하면, 능산리목간 출토지점에서는 석탄일 행사가 벌어졌고, 여러 사찰들과 인적, 물적 교류를 행하였다. 또 이곳에는 승려도 거주하고 있었다. 이러한 점들을 만족하는 능산리목간의 작성주체로는 능사라는 사찰 외에는 달리 설정하기가 어렵다. 다시 말해 목간이 제작된 초기 자연배수로 시기, 즉 능사가 완공되기 전에도 이곳은 종교적 기능과 역할을 수행하고 있었던 것으로 추론된다. 이 경우 위 299번 목간의 용도도 능사에서 행해진 위령제(慰靈祭)와 관련된 위패(位牌)였을 가능성이 있다.

2) 생산 및 창고시설 관련목간

능산리목간은 거의 대부분이 제2지점에서 출토되었다. 출토지점이 명확하지 않은 목간들도 대부분 이곳에서 출토되었다고 봐도 대과(大過)는 없다고 생각된다. 따라서 출토지가 명확하지 않은 목간들과 제2지점 출토 목간을 함께 검토해도 목간의 작성주체를 이해하는데 문제가 되지는 않는다고 생각된다. 우선 아래 296번 목간을 보도록 하자.

〈능산리 296번 목간〉

· 三月十二日梨田三□之□朕□□朕□□□

· 广淸靑靑靑用□□用□□□□

이 목간은 상하단은 파손되지 않았지만, 좌측면과 우측면에 의도적으로 목간의 일부를 잘라낸 폐기흔적이 뚜렷이 확인된다. 이 목간은 세장형(細長形)으로 길이가 27.3cm인데, 능산리목간 중에는 사면목간 다음으로 장대하다. 이 목간은 애초 "三月十二日梨田三" 등이 기록된 장부(帳簿) 목간이었는데, 용도가 다한 후 하단부를 삭도로 깎아낸 뒤 습서목간으로 재활용하고 좌·우측면을 잘라낸 뒤 폐기하였던 것으로 추정된다. 장부 부분과 습서 부분이 이필(異筆)인 것도 이를 뒷받침해준다.

그런데 '三月十二日梨田三'으로 볼 때, 이 목간의 작성주체는 "배밭(梨田)"이라는 생산처와 일정한 관계가 있었고, 그것을 관리한 주체였음이 분명하다.

이와 관련하여 아래의 303번 목간도 296번과 유사한 양식으로 기록되어 있어 주목된다. 더욱이 303번 목간에도 세로로 목간을 의도적으로 여러 차례 쪼개버린 296번과 동일한 방식의 폐기행정이 확인된다.

〈능산리 303번 목간〉

· × □□六日□□□□ 竹山六
　　　　　　　　 □□四 ×

그림 44. 296번 목간의 앞면

이 목간은 이러한 폐기행정으로 인해 판독이 어려운 글자가 많지만, 묵서내용으로 보아 위 296목간과 거의 비슷한 용도의 장부목간이었다고 생각된다. 이 목간의 "죽산(竹山)"은 그 아래의 "육(六)"이라는 수량으로 볼 때, 단순한 산명(山名)이라기보다는 대나무를 생산하는 "대나무밭"을 의미하며, 육(六)은 이 목간의 작성주체들이 관할했던 대나무밭의 수(數)라고 생각된다. 따라서 그 아래의 "□□四"도 죽산과 유사한 또 다른 생산처(生産處) 내지는 관리처였다고 생각된다. 결국 296번, 303번 목간으로 볼 때, 능산리목간의 작성주체는 배밭이나 대나무밭 등 무언가를 생산하던 농장(農場)이나 산림(山林) 등을 관할하고 있었음이 분명하다.[65]

그림 45. 300번 목간

한편 능산리목간을 작성한 주체들은 창고시설도 관리하고 있었다. 이는 다음의 능산리 300번 목간을 통해 잘 알 수 있다. 이 목간은 상단부 좌우측에 V자형의 결입부가 있는 부찰형목간이고, "三月仲椋內上□"이 묵서되어 있다. 8세기 신라 안압지의 창고관리용 꼬리표목간에서 확인되는 [월일+창고위치+물품] 등의 기재양식과 동일하다. 결국 이 목간의 출토지점 인근에 창고시설이 있었고 백제에서는 이미 6세기에 물품의 창고보관과 정리를 위해 꼬리표목간을 사용했음을 알 수 있다. 또한 이 목간은 고구려, 백제, 신라 등 삼국이 공히 "경(椋)"을 창고를 뜻하는 글자로 사용했음도 알려준다.

한편 다음 301번 목간도 능산리목간의 작성주체와 관련하여 주목할 필요가 있다. 이 목간은 상·하단이 결실되었는데, 내용상 단순한 습서(習書)는 아니고, 문서목간의 일부일 가능성이 높다. "범육부오방(凡六ㅋ五方)"과 "범작형(凡作形)"은 문투나 문맥상 각각 문장의 시작부분이 분명하며, 이러한 문투는 율령의 법조문(法條文)에 일반적으로 사용되었다. 따라서 이 목간의 묵서 역시 어떤 사항들을 "범(凡)"으로 시작되는 서식(書式)을 활용해 조목조목(條目條目) 서술한 것이라고 생각된다.

그런데 이 목간은 그 묵서의 "육부오방(六ㅋ五方)"으로 인해 백제의 행정제도인 오부오방(五部五方制)와 관련하여 일찍부터 주목되었다. 그러나 현존 묵서내용으로 볼 때 육부오방이 오부오방제와 관련된 것으로 보기는 어렵다.

〈능산리 301번 목간〉

· ×書亦從此法爲之凡六ㅋ五方 ×
· ×□行色也凡作形□中□具 ×

| 앞면 | 뒷면 |

그림 46. 301번 목간 앞·뒷면

'행색(行色)'이나 '작형(作形)' 등의 어휘에 주목할 때, 이 묵서의 '차법 (此法)'은 무언가를 쓰거나 만드는 방법을 의미하며, 그것을 조목별로 매우 구체적으로 설명한 것으로 이해된다. 이 경우 "육부오방(六アﬤ 方)"은 어떤 제작물의 세부(細部) 부분을 지칭하는 어휘일 가능성이 높 다고 생각된다.

또 백제 도성의 행정구역은 모든 자료에 한결같이 '5부'로 편성되었 다고 분명히 기록되어 있다. 그리고 앞서 〈능산리 사면목간〉에 기록된 '탄야방(彈耶方)'의 '방(方)'을 지방행정단위로 이해한 필자의 해석이 틀리지 않았다면, 이 목간의 오방(五方)은 백제의 광역행정구역을 지칭 하는 것이 아닐 가능성이 높다. 능산리 출토 사면목간과 301호 목간은 출토지점이 같아서 동일시기이거나 거의 시차없이 폐기된 목간이라고 생각된다. 따라서 "방(方)"을 같은 시기에 광역단위와 군급(郡級) 단위 에 동시에 사용하지는 않았을 것이다.[66]

이러한 추론이 허락된다면, 이 301번 목간은 내용상 불교와 관계된 것 이라기보다는 그 작성주체가 관청기구이거나 능사의 건립주체일 가능 성이 있다고 생각된다.

3) 도성 경계(境界)의 경관과 능산리목간의 작성주체

지금까지 검토한 능산리목간의 다양한 묵서내용으로 볼 때 이들을 일 괄적인 것으로 함께 묶기는 매우 어렵다고 생각된다. 특히 능산리사지 와 나성 사이의 공간이 아직 제대로 발굴되지 않은 상황에서는 더욱 조심스럽다. 앞서도 언급하였지만, 능산리사지 서편의 나성은 능선을 따라 내려오지 않고, 자연지형과 관계없이 서쪽으로 활처럼 만곡(彎曲)되어 있다. 따라서 이러한 옹성과 유사한 나성구조로 볼 때, 이 지점과 능산리사지 사이에는 특별한 공적인 시설물이 건립되어 있었을 가능성이 있다.

이 지점에는 실제로도 건물지의 일부가 트렌치 발굴에서 확인된 바 있다. 아직 발굴이 진행되지 않아 정확히는 알 수 없지만, 이 시설물은 능사가 아닌 나성과 관련된 시설일 수도 있고, 또 나성대문 인근에 도성으로 공진(貢進)된 물품의 창고보관과 도성 내부로의 공급을 총괄했던 시설이 존재하고 있었을 가능성도 배제할 수 없다. 더욱이 이곳에서 작성된 목간도 능사 서남쪽의 자연배수로로 흘러들어갈 수 있는 지리적 조건을 갖고 있다.

이 때문에 필자는 앞서 〈능산리 사면목간〉을 나성대문의 금위(禁衛)와 관련하여 이해하였고, 또 〈297번〉 목간도 [지명(부명)+관등+인명]이 기록되어 있는 점에 입각해, 관인의 도성출입을 보증한 신분증명용 목간으로 소개하였다. 나성대문은 중앙과 지방의 접점으로서 중앙과 지방의 인적 물적 소통을 통제할 수 있는 장소라는 점에서 〈사면목간〉에 대한 이러한 추론은 충분히 개연성이 있다.

그러나 능산리목간 중에는 불교와 관련된, 즉 일차적으로 '능사'를 작성주체로 고려할 수밖에 없는 목간들이 분명히 존재한다. 정연한 석축수로가 만들어지기 전, 초기 자연배수로에 폐기된 능산리목간의 상당부분이 이에 속한다. 그런데 불교와 관련된 이 목간들도 자세히 들여다보면 불교라는 종교적 기능 하나만으로는 설명할 수 없는 특징이 엿보인다.

첫째로 〈304번〉, 〈313번〉 목간으로 볼 때, 능산리목간의 작성주체들은 여러 사찰에서 승려를 초빙해 불교의례를 주관하는 등 다른 사찰들과 인적 또는 물적 소통을 행하였는데, 이때 승려들의 출석명단을 정리하는 것, 참석 승려에게 답례품을 보내는 등 일련의 의례 진행과정이 목간을 이용해 문서로 처리되었다. 이처럼 업무가 분장(分掌)되고, 그 절차가 문서로 처리되었다는 점에서, 목간작성이 능사와 관련되었다고 하더라도, 단순히 승려들의 일솜씨라기보다는 관인기구의 지원이 있었던 것이 아닌가하는 느낌이 든다. 〈301번〉 목간의 묵서내용에서도 그러한 측면이 엿보인다.

둘째로 능산리목간 작성주체들은 〈296번〉, 〈303번〉 목간으로 볼 때, '배밭(梨田)'과 '대나무밭(竹山)' 등 농장이나 산림과 같은 생산처를 관할하였고, 〈300번〉 목간으로 볼 때 출토지점 인근에서 '창고시설(椋)'도 관리하고 있었다. 이 목간들은 나성대문의 인적, 물적 통제와 관련된 것일 수도 있지만, 〈299번〉, 〈305번〉 목간으로 알 수 있듯이, 정연한 석축수로가 완공되기 이전부터 능사는 종교적 기능을 수행하고 있었기 때문에, 불교의례의 비용이나 승려의 의식(衣食)을 지원하기 위해 마련된 능사의 재정원을 관리하기 위한 차원에서 이러한 목간들이 제작되었을 가능성도 있다.

그런데 이러한 추론이 허락된다면, 능산리목간을 일괄적인 성격의 목간으로 묶는 것도 가능하다. 이와 관련하여 신라의 '성전사원(成典寺院)'이 주목된다. 능사처럼 신라의 성전사원도 왕경에서 사방으로 나가는 도성의 경계지점에 건립되었고, 선왕(先王)을 추복(追福)하기 위해 세워졌다. 그런데 신라의 성전사원에는 국가가 사찰의 건립은 물론 사찰의 유지와 운영을 위해 "성전(成典)"이라 불리어진 관료기구를 건립 당초부터 설치하고 국가재정으로 그 사찰의 운영전반을 전폭적으로 지원하였다.[67] 백제의 능사에도 능사의 건립 당초부터 그 유지와 제반 운영을 지원했던 신라의 "성전"과 유사한 관료기구가 설치되어 있었던 것은 아닐까!! 이 경우 신라나 백제 모두 도성의 경계지점에 특별히 사찰을 건립하고, 이를 국가적 차원에서 관리, 지원하였다고 말할 수 있다.

고대국가의 도성(都城)은 독특한 도시경관(都市景觀)과 상징적인 장엄의례(莊嚴儀禮)를 통해 국가권력의 위엄(威嚴)과 중심(中心)을 연출해낸다. 도성은 마치 거대한 '극장(劇場)'과 같다. 도성이라는 '무대장치'에서 베풀어진 장엄의례는 세금을 운반하여 상경(上京)하는 지방인에게도, 도성에 거주하는 관인에게도, 똑같이 거대한 권력을 체감케 하여, 그들의 마음속에 국가에 대한 충성과 복속의식을 불러일으키는 힘으로 작용한다.

특히 도성의 경계지점은 도성과 지방을 연결하는 접점이고, 지방인이 도성으로 들어오는 입구이며, 도성이 사방으로 뻗어나가는 출발점이라는 점에서, 백제국가 전체를 압축적으로 상징한다. 결국 도성의 경계지점은 지방을 포섭, 종속하는 도성의 중심성(中心性)을 구현하는데 가장 적합한 장소라고 할 수 있다. 백제의 지방인들은 도성으로 들어오는 입구에서 능사를 처음 접하게 된다. 그들은 화려하고 숭엄한 불교사찰과 그 의례에 압도되어, 영원불멸하는 백제 왕권을 상상하였을 것이다.

이처럼 백제 사비도성의 경계에는 독특한 경관(景觀)이 연출되어 있었다. 도성의 입구에는 도성과 왕권을 수호하는 장엄한 국가사찰과 왕실의 능원이 건립되었고, 또 역병(疫病) 등 도성으로 들어올 수 있는 부정(不淨)을 막기 위해 정기적으로 도신(道神)인 〈남근(男根)〉을 일으켜 세웠다. 결국 능산리 목간출토지점은 일상적 공간이라기보다는 항상적으로 의례가 열릴 수 있는, '비일상적(非日常的)' 공간으로 바라볼 필요가 있다. 도성의 경계에 왕릉과 왕실원찰이 건립되고, 도제(道祭)의 의례가 베풀어진 것은 그곳이 도성의 수호와 영속을 상징하는 공간으로 기능하고 있었기 때문이라고 생각된다.

이러한 관점에서 바라본다면, 사비도성의 '나성(羅城)'도 전쟁만을 고려한 방어벽은 아니었다고 생각된다. 나성은 도성 안의 백제지배층을 무너뜨릴 수 있는 모든 것들—적(賊)일 수도, 모반(謀叛)일 수도, 또한 전염병일 수도 있는—그들이 느끼는 모든 불안 심리를, 잠재우는 도성을 수호하는 가장 장엄한 경관이었다고 생각된다.

결국 도성의 경계에 연출된 '나성(羅城)'과 '국가사찰(國家寺刹)'과 '도제(道祭)'를 통해, 사비도성은 지방과 격절(隔絶)된 신성(神聖)한 공

간으로 거듭나게 된다. 사비도성은 경계지점의 이러한 독특한 비일상
적(非日常的) 경관(景觀)을 통해, 비로소 도성인과 지방인 모두가 느끼
고 의식하는 중심의 장(場)으로 승화되었다.

　그런데 백제의 국가권력이 자신의 중심성을 표현하기 위해 의도적으
로 가설(加設)한 이러한 상징적 장치들은 도성의 경계지점에만 있었던
것은 아니다. 백제 '극장국가(劇場國家)'의 무대장치를 좀 더 구체적으
로 살펴보기 위해서는 나성 내부에서 발견된 또 다른 백제목간으로 시
야를 확대할 필요가 있다. 이제부터는 나성 내부의 백제유적인 관북리,
궁남지유적에서 출토된 목간들을 분석하여, 사비도성을 지탱했던 백제
국가의 권력구조를 문서행정과 율령의 복원을 통해 이해하여보도록 하
자.

문서행정(文書行政)과 백제율령

1. 문서행정과 관북리 문서표지용 목간

'문서행정'은 국가의 정무(政務)가 문서로 처리되는 국가행정시스템을 의미한다. 이러한 국가문서에는 관청 상호간에 업무처리를 위해 주고받은 '문서류'나 관청의 여러 업무를 일목요연하게 정리한 '장부류' 등이 있다.[1]

구두(口頭)에 의한 정책전달은 불확실할 뿐만 아니라, 관인의 자의적 판단과 개인적 이해관계가 개입될 소지가 크다. 이로 인해 전통시대 중국의 왕조국가에서는 국가의지를 문서로 관철하는 '문서주의'를 일찍부터 채택하여, 문서행정이 고도로 발달하였다. 국왕문서나 관부 사이의 문서수발이 상행(上行), 평행(平行), 하행(下行) 문서로 질서정연하게 위계화 되었고, 문서양식만으로도 황제를 정점으로 한 권력구조가 확연히 드러났다.

또 당(唐)의 공식령(公式令)에는 각 문서의 투식 및 수발과정을 법률로 명시하여, 문서의 객관성과 공공성(公共性)을 확보하려고 하였다.[2] 문서행정의 효율성을 높이려면 관료에 대한 합리적인 업무 분담과 그에 따른 문서의 생산을 법령을 통해 통제할 필요가 있다. 따라서 고대의 문서행정은 '율령'에 의거해 문서로 국가업무를 처리하는 것이라고 정의하는 것이 보다 정확하다. 고대국가의 공문서는 관료가 임의로 만드는 것이 아니라 법령에 따라 생산·폐기·보존되며, 이 과정 자체가 법령에 따라 정기적으로 조사·통제된다.

앞서 언급하였지만 3세기 이래 백제에서는 강력한 낙랑·대방군 세력에 효과적으로 대항하기 위해 적대국인 중국을 모델로 하여 중국문화의 전반적인 수용을 통한 국가체제 확립을 지향하였다. 비록 한성시대는 자료가 남아있지 않지만, 후술하는 사비시기의 문서행정시스템과 율령의 편린을 보여주는 목간자료들로 볼 때, 백제에서는 3세기 이래 중국의 율령과 문서행정시스템을 적극적으로 도입하려는 시도가 있었음을 분명히 알 수 있다.

고대사회에서 문자의 최대 사용자는 국가였다. 이로 인해 현재 발굴되는 백제목간의 거의 대부분은 문서나 장부와 같은 국가기록물이다. 후술하는 궁남지〈315번〉 목간으로 볼 때 사비시기 백제에서는 대민지배를 실현하기 위해 호적(戶籍) 등 매우 방대한 적장류(籍帳類) 장부도 생산하고 있었다. 그러나 이러한 많은 양의 문서는 종이두루마리 형태로 정리, 보존되었고, 목간에 서사되지는 않았다. 지목병용기의 목간은 일반적으로 메모나 중간정리, 아니면 연습용으로 사용되었다. 예를 들어 세금을 수납하고 지출하거나, 관청물품의 출납상황을 메모 또는 정리하는 간단한 업무에 주로 사용되었다.

관청의 결산보고는 하루아침에 이루어질 수 없다. 이를 작성하기 위해서는 세세한 출납(出納)에 관한 일상적인 메모가 그때그때마다 필요한데, 이 경우 당시에는 종이가 귀했기 때문에 목간이 가장 효율적인 서사재료로 애용되었다. 한편 이러한 목간에 메모된 기록을 중간정리하고 또 최종 종이문서에 종합하기 위해 목간에 특별히 일부(日附)를 기록해 날짜별로 정리, 보관하였다. 앞서 검토한 〈능산리 사면목간〉에 기록된 '지약아식미기(支藥兒食米記)'와 그 일부(日附)가 중간정리용 목간의 좋은 예이다.

또한 두루마리 형식의 종이문서는 전체 내용을 집적해놓았기 때문에, 그 속에서 필요한 부분만을 검색해보는 것이 매우 불편하다. 마치 녹음테이프에서 필요한 부분을 골라 듣는 것이 어려운 것과 같은 이치다. 이러한 애로사항을 해결하는 데에도 목간이 활용되었다. 다음 절에서 상세히 살펴보겠지만, 궁남지 〈315번〉 목간은 백제의 두루마리 호적(戶籍) 문서에서 일부 내용만을 발췌한 목간이다.

백제목간은 출토점수가 적어 문서의 생산과 폐기에 이르는 전 과정을 복원하는 것은 매우 어렵다. 그러나 사비시기 백제의 왕궁으로 추정되는 부여 관북리유적에서 출토된 표지용 꼬리표목간 하나만 보면, 이것만으로도 당시 백제의 문서행정이 얼마나 발달되어 있었는지 충분히 짐작하고도 남는다.

그동안 관북리목간에 대한 연구는 주로 충남대에서 발굴한 것들에만 국한되었을 뿐,[3] 2001년 이후 국립부여문화재연구소(이하 부문연으로 약칭함)에서 발굴한 목간에 대해서는 전혀 검토가 이루어지지 않았다. 물론 부문연에서 발굴한 목간들은 아직 발굴보고서가 발간되지 않아 연구에 많은 어려움이 있다. 그렇지만 부문연의 『연보(年報)』에 보고된 간략한 조사 성과와 그에 게재된 목간사진 등을 참고하면, 목간 출토상황에 대한 다양한 정보를 얻을 수 있다. 또 관북리목간의 형태와 크기, 적외선사진 등은 『고대목간』에 일괄 정리되어 있기 때문에, 해당 목간의 형태나 묵서판독에 어려움은 없다. 필자는 이러한 부문연의 『연보』와 『고대목간』 등을 기초로 하여, 관북리목간 자료를 분석해보았다.

관북리 〈285번〉 꼬리표목간도 부문연에서 충남대 발굴조사 때 남겨둔 연지 내의 발굴용 둑을 해체조사하면서 가장 늦게 발굴한 것이다.[4] 이 때 백제 도연(陶硯)도 함께 공반 출토되었다고 한다. 따라서 연지 근방에 이 벼루와 꼬리표목간을 사용했던 자들이 존재하고 있었음이 분명하다.

이 꼬리표목간은 두께가 2㎜에 불과할 정도로 매우 얇고 정교하게 다듬어져 있는데, 아쉽게도 하단부가 파손되었다. 이 목간은 목간 상단 모서리의 모를 죽여 반원형의 호(弧)를 공들여 만들었는데, 형태적 특징과 묵서내용을 통해 그 용도를 추정할 수 있다. 아래는 이 목간의 묵서에 대한 필자의 판독안이다.

아래 판독안의 전면과 후면은 『고대목간』의 분류를 그대로 따른 것이

| 285번 목간의 전면 | 285번 목간의 후면 |

그림 47. 285번 목간과 그 적외선사진

〈관북리 285번 목간의 판독안〉

(후면) · 中方向□ 十 ×
　　　　　　　 □

(전면) · 二月十一月兵与記 × (12.2×4.2×0.2㎝)

다. 그러나 묵서의 내용으로 볼 때, 원래는 위 판독안의 후면이 전면이
었다고 생각된다. 왜냐하면 후면의 '中方向□'은 대자(大字)로 쓰여 있
고, 그 아래에 2행의 할주형식(割註形式)으로 세자(細字)의 부기(附記)가
있는데, 이 세자(細字)의 부기가 끝나지 않아 그 뒷면(위 판독안의 전
면)으로 이어져 세자(細字)로 '二月十一月兵与記'가 묵서되었다고 추정
되기 때문이다.

한편 '병여기(兵与記)'는 '병기(兵器)의 분여(分与)에 관한 기록부(장
부)'라는 의미로 해석되며, '십일월(十一月)'의 판독이 틀리지 않았다

면 '이월십일월(二月十一月)'은 2월에서 11월에 이르는 기간 동안의 '병여기' 장부를 모두 정리해놓았다는 뜻으로 이해된다. 앞서 검토한 능산리 사면목간의 '지약아식미기(支藥兒食米記)'처럼 이 목간에도 장부를 '기(記)'로 표현하고 있는 공통점이 확인되며, 백제의 장부 명칭을 하나 더 추가할 수 있게 되었다.

그런데 위 285번 목간은 상단의 모서리를 깎아서 반원형의 호를 만들었고, 목간 전면의 우상단에는 비록 구멍 한쪽이 파괴되었지만 부찰형 구멍이 확인된다. 아마도 폐기될 때, 목간의 두께가 얇아 묶여 있던 끈에 의해 구멍 한쪽이 파괴된 것이라고 생각된다. 이러한 형태는 중국 한대(漢代)에 편철목간의 표지(標識)로 사용했던 '갈(楬)'과 형식이 매우 흡사하다.[5] 실제로 한대의 갈에도 구멍 한쪽이 파괴된 실물이 발견된 바 있다(그림 48 참조). 더욱이 285번 목간에는 '병여기'라는 장부명칭이 묵서되어 있어서, 그 형태나 묵서내용 등 모든 면에서 중국 한대의 문서표지용 꼬리표목간에 부합된다. 따라서 285번 목간은 그 용도가 '병여기' 장부의 표지로 사용된 꼬리표목간이었다고 생각된다.

그림 48. 한대(漢代)의 갈(楬)

한편 위 후면에 2행의 할주형식으로 된 세자(細字)의 첫 글자는 '十'이 분명하다. '十' 아래는 '一' 또는 '二'일 가능성이 있고, 이를 전면의 '十一月'과 조응시켜본다면, 후면의 '十' 이하의 내용은 장부를 최종 정리한 월·일을 기록한 것일 수도 있겠다. 어쨌든 후면의 '十'에 대한 필자의 판독이 틀리지 않았다면, 이 세자(細字)의 첫머리는 연도(年度)에 대한 기록은 분명 아니라고 생각된다. 또한 이 목간은 상단부가 온전하기 때문에 다른 공간에도 연도가 기록되었을 여지가 매우 적다.

그런데 '十' 옆에도 묵서가 있는 2행의 할주형식이라는 점에서, 파손된 하단부에는 '병여기' 외에도 다른 장부명칭이 더 기록되어 있었을 가능성도 있다. 또 대자(大字)로 쓴 '中方向□'은 세자(細字)로 부기된 장부들을 포괄, 대표하는 성격을 지닌 어휘라고 생각되기 때문에, 병여기 등의 장부를 작성한 주체 내지는 장부에 기록된 대상이라고 생각된다. 이 경우 '중방(中方)'은 백제의 광역행정단위인 5방의 하나로 볼 여지가 충분하다.

그런데 이 목간에는 연호(年號)나 그 해의 간지(干支)와 같은 연도에 관한 기록이 없기 때문에, '병여기' 등의 장부는 중방에서 중앙으로 상신한 최종 보관용 문서라기보다는 중앙행정부서에서 중방에 관해 정리해 수시로 이용했던 장부였을 가능성이 보다 높다고 생각된다. 전·후면의 '향(向)'과 '여(輿)'를 서로 조응시켜 좀 더 억측해본다면, '병여기' 등의 장부는 중앙에서 '중방으로(中方向)' 병기를 분여한 사실을 적어놓은 장부를 비롯해 중방과 관련된 여타 문서들이 아니었을까 추측된다.

지금까지의 추론이 허락된다면, 목간이 출토된 연지 주변의 관북리유적 일대에는 중방(中方)에 병기(兵器) 등을 분여하였던 중앙관청이 존재하고 있었던 것이 분명하다. 또 이 목간을 통해 관북리유적을 백제의 중앙관청이 자리 잡았던 공간, 또는 왕궁지 내의 관아지구 등으로 이해할 수 있는 하나의 근거를 마련하게 되었다. 물론 다음 장에서 구체적으로 살펴보겠지만, 이 외 다른 관북리목간들로 볼 때 관북리유적은 왕궁지일 가능성이 보다 높다.

그런데 〈285번〉 목간이 표지로 매달려있었던 병여기 등의 장부는 실제로 어떤 형태였을까? 이와 관련하여 역시 백제의 장부인 '지약아식미기(支藥兒食米記)'가 기록되어 있었던 〈능산리 사면목간〉이 일차적으로 주목된다. 이 자료에 의한다면 백제는 '다면목간'을 활용해 장부를 정리하고 있었음이 분명하다. 또 다면목간 여러 개를 연결하면 기록할 양도 늘릴 수 있다. 앞서 언급하였지만 중국 한대에 『급취편(急就編)』을 기록한 다면목간은 상단에 일련번호를 쓰고, 구멍을 뚫어 서로 연결하였고, 신라의 경우지만 월성해자목간(6~7세기)에도 사면목간 여러 개를 셋트로 묶어 사용한 장부가 발굴되었다.[6] 이러한 사례로 볼 때, 백제에서도 다면목간 여러 개를 묶어 장부로 사용하였을 가능성이 충분히 있다.

그러나 285번 목간의 묵서로 볼 때, 병여기는 2월에서 11월에 이르는 상당히 많은 양을 기록했던 장부로 이해되고, 또 병여기 외에 목간의 파손된 하단부에 또 다른 장부명칭이 기록되어 있었을 가능성도 있기 때문에, 사면목간은 서사공간으로 볼 때 이러한 장부들을 최종 정리하는 용도로는 적합하지 않다고 생각된다. 더욱이 285번 목간은 매우 얇고 정교하게 만들어졌다는 점에서 사면목간의 꼬리표로 보기에는 왠지 석연치 않은 점이 있다.

고대일본의 경우 종이장부는 일반적으로 두루마리의 권축을 직접적으로 활용하여 제첨축 또는 목첨축의 방식으로 권축에 직접 기록해 표지로 삼았지만, 〈285번〉 목간과 같은 표지용 꼬리표목간을 종이문서류의 권축에 매단 사례도 확인된다. 나가오카쿄[長岡宮] 유적에서 출토된 '인물지삼권(人物志三卷)'이라 묵서된 꼬리표목간도 그러한 사례 중 하나이지만, 현재 일본왕실 소유인 쇼토쿠태자(聖德太子)의 『삼경의소(三經義疏)』에 붙여진 아첨(牙籤)을 비롯해, 토다이지(東大寺)의 쇼소인(正倉院)에 소장된 경권(經卷)에 붙은 패(牌) 등 여러 경로의 전세품(傳世品)도 남아있다.

이처럼 권축의 끝에 '첨(籤)' 혹은 '패(牌)'라 불리는 작은 꼬리표를 결합시켜, 거기에 장부나, 전적(典籍)의 명칭, 권수(卷數) 등을 표시하는 방법(그림 49 참조)은, 목간을 매우 공들여 제작하고, 값비싼 재질

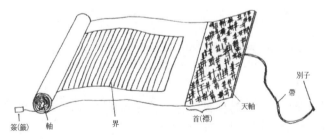

그림 49. 권축 문서의 각 부분 명칭

(材質)로도 꼬리표를 만든다는 점에서, 권축문서의 표지용으로는 가장 상위의 양식으로 분류되고 있다.[7]

관북리 285번 목간도 두께가 2㎜에 불과하고, 매우 공들여 만든 장부의 표지라는 점에서, 이것이 매달려있었던 병여기 등은 종이두루마리[卷子本] 형태였다고 생각된다. 이러한 추론이 허락된다면, 이 꼬리표목간은 백제가 사비시기에 관청의 최종 보관용은 물론 중간단계의 정리용 장부들까지도 종이두루마리 형태로 제작해 사용하였음을 알려준다.

목간의 정제화(精製化)가 확연하게 돋보이는 이러한 백제의 장부표지용 목간은 백제 문서행정시스템의 성숙도를 유감없이 보여준다. 왜냐하면 문서행정 전반이 일정한 수준에 이르지 않았다면, 이러한 미시적인 부분에까지 정제화가 진행될 수 없기 때문이다. 『수서(隋書)』백제전(百濟傳)에 백제 관인들이 "행정실무에 능숙하다[能吏事]"고 특기되었던 것도 다 이유가 있었던 것이며, 이 꼬리표목간 하나가 그것을 훌륭히 증명해주고 있다.

2. 정중제(丁中制)와 백제율령의 계보

백제목간은 신라목간에 비해 출토점수는 비록 적지만, 매우 다양한 정보들을 담고 있기 때문에, 질적인 측면에서 결코 뒤지지 않는다. 특히 기존의 백제사 연구에서 불모지였던 백제의 율령에 대해서도, 목간자료를 활용하면 접근이 가능하다. 이와 관련하여 궁남지유적에서 출토된 〈315번〉 목간이 주목된다.

〈궁남지 315번 목간〉

(전면) · 西十丁 • 夫

(후면) · 西後巷 巳達巳斯丁 依活△△△丁
　　　　歸人中口四 小口二　邁羅城法利源水田五形

위 목간은 백제 사비시대의 궁원(宮苑) 유적인 궁남지에서 백제시대의 수로 및 목조시설물을 발굴하는 과정에서 1995년에 출토되었다. 목간의 형태는 가운데에 구멍이 뚫려있는 부찰형이다. 구멍으로 인해 묵서가 훼손되지 않은 점으로 보아, 미리 목간에 구멍을 뚫어놓고 묵서한 것으로 추론된다. 따라서 이 구멍도 묵서와 관련하여 실제로 의미있는 기능을 수행했다고 볼 수 있다. 목간의 제작연대는 후술하는 '정중제(丁中制)'의 연령등급제로 볼 때 7세기라고 생각된다.

이 목간의 묵서는 발굴보고서에서 대부분 정확히 판독하였지만,[8] 전면의 두 번째 글자만은 '십(十)'으로 정정하였다. 이 목간은 후면에 사비도성내 행정구역 명칭인 '서부후항(西後巷)'이 기록되어 있어 일찍부터 관심이 집중되었다. 즉 중국측 자료에 보이는 백제 도성의 5부5항제가 이 목간을 통해 사실로 증명되었다. 그런데 이 목간에는 종래 주목하지 않았지만, 서부후항 외에도 백제의 연령등급제나 귀인(귀화인)

제도 등 백제율령을 복원할 수 있는 매우 중요한 내용이 더 기록되어 있다. 이 목간의 묵서로 다시 돌아가 보자.

이 목간의 후면에는 서부후항에 사는 사달사사(巳達巳斯), 의활△△△(依活△△△) 등 '정(丁)' 2명과 그 외 '중구(中口)' 4명, '소구(小口)' 2명이 집계되어 있다. 정(丁), 중(中), 소(小)의 연령등급제를 염두에 둔다면, 이들 8명은 단일한 호(戶)를 구성한 사람들로 생각되며, 귀인(歸人)은 이들 전체에 해당되는 신분표시라고 생각된다.[9] 또 '매라성법리원수전오형(邁羅城法利源水田五形)'은 이 호의 재산관련 기록으로서 호에게 주어진 경작지와 그 소재지를 표시한 것으로 생각된다.

이러한 목간의 묵서내용으로 볼 때, 당시 백제에는 호적(戶籍)이 존재하였고, 이 목간의 묵서내용은 그러한 호구자료에서 발췌된 것이 아닌가 생각된다. 이 목간자료에 의거해 좀 더 억측해본다면, 백제 사비도성의 호적은 부(部)·항(巷) 단위로 집계되었고, 호구원(戶口員)은 정, 중, 소의 연령등급별로 구분되어 정리되었다. 또 각 호의 신분과 경제력도 호적에 기록되었던 형식이 아니었을까 추측된다.

그런데 위 백제호적의 정, 중, 소로 구분된 연령등급제는 백제, 신라, 그리고 고대일본에서 수용한 중국 율령의 계보관계를 이해하는데 큰 도움을 준다. 연령등급제는 중국 고대국가에서 인신지배(人身支配)를 실현하기 위해 만들어낸 제도로서 한대(漢代)의 사남(使男), 미사남(未使男)의 구분에서 시작하여 인두세(人頭稅)를 지탱하다가, 당(唐) 중기 이후 토지를 기준으로 한 양세법(兩稅法)이 실시되면서 소멸된다.

종래 한국고대국가의 연령등급제는 「신라촌락문서」(이하 촌락문서로 약칭)에 기초한 연구가 전부였으나, 이제 궁남지 목간의 발견으로 백제 사비기의 연령등급제를 알 수 있게 되었고, 더욱이 이를 통해 중국 율령의 수용과정에서 나타나는 고대동아시아 각 국의 차이점과 그 특징을 확인할 수 있게 되었다.

　이와 관련하여 우선 촌락문서의 '연령등급제'에 주목해보자. 촌락문서의 인정(人丁) 파악방식은 매우 독특하다. 조자(助子), 추자(追子)라는 신라 고유의 용어를 사용하고 있을 뿐만 아니라, 연령등급체계도 당(唐)과 큰 차이가 난다. 다음의 표는 당, 신라, 그리고 고대일본의 연령등급제를 비교해본 것이다.

【표 2】당 · 신라 · 고대일본의 연령등급제 비교

당	3세이하	4~15세	16~20세	21~59세	60세이상	
	黃	小	中	丁	老	
신라 村落文書	三年間中産小子	小子	追子 · 助子	丁	除公	老公
고대일본 美濃國戸籍	3세이하	4~16세	17~20세	21~60세	61~65세	66세이상
	黃(綠兒)	小子	少丁	正丁	次丁(老丁)	耆老

　위의 표로 알 수 있듯이 신라와 고대일본의 연령등급제는 추자(追子)를 제외하고는 거의 동일하다. 이 고대일본의 연령등급에서 주목되는 것은 정정(正丁)과 차정(次丁) 또는 소정(少丁)이다. 이러한 연령등급제는 중국 진(晋) 무제(武帝)의 '태시령(泰始令)'에서 정한 정정 · 차정제

(正丁·次丁制)에서 비롯되었는데, 정(丁)의 아래·위 연령등급을 차정(次丁, 고대일본의 경우 少丁과 老丁이 모두 해당)으로 설정하여 정(丁)의 반역(半役)이나 일부 역(役)을 부과하던 제도였다.[10]

이러한 연령등급제는 5호16국시대와 남북조시대에 대체로 유지되다가 서위(西魏)를 시작으로 수당(隋唐) 시대를 경과하면서 정(丁) 위의 연령에 설정되었던 차정(次丁)은 사라지고 정(丁)과 그 아래의 차정(次丁)에게만 수취를 부과하는 제도로 바뀌게 된다. 이때 정 아래의 차정은 연령등급 명칭이 중남(中男)으로 바뀌는데, 이를 앞시대의 정정·차정제(正丁·次丁制)와 구분하여 정중제(丁中制)라고 부른다.

정정·차정제(正丁·次丁制)에서 정중제(丁中制)로의 변화는 정(丁)이되는 연령이 높아지고, 역이 면제되는 노(老)의 연령이 낮아져, 정(丁)의 복역기간(服役期間)이 짧아지는 커다란 조세 경감(輕減) 조치라고 할수 있다. 이후 당(唐)에서는 중남(中男)에 대한 수취마저도 소멸되는 과정으로 전개되어 인신지배(人身支配)의 강도가 현격히 축소되고 있음을 확인할 수 있다.[11]

〈표 2〉로 볼 때, 고대일본과 함께 신라의 연령등급제는 정정·차정제로 이해할 수도 있지만, 촌락문서의 연령등급별 기재순과 고대일본의 그것을 비교하면, 당시 신라의 연령등급제는 정정·차정제에서 정중제로 개편되는 과도기로 이해된다.

702년에 작성된 고대일본의 미농국호적(美濃國戶籍)에는 연령등급이 정정(正丁), 차정(次丁), 소정(少丁), 소자(小子), 녹아(綠兒), 기로(耆老)

의 순으로 기록되어 있지만, 촌락문서에는 정(丁), 조자(助子), 추자(追子), 소자(小子), 삼년간중산소자(三年間中産小子), 제공(除公), 노공(老公)의 순으로 기록되어 있다.[12] 고대일본의 호적에는 정정(正丁) 바로 위의 연령등급인 차정(次丁)이 정정 바로 뒤에 기록되었지만, 촌락문서에는 차정(次丁)에 해당되는 제공(除公)이 삼년간중산소자(三年間中産小子)와 노공(老公) 사이에 기록된 큰 차이가 있다. 이는 고대일본에서는 차정에 대한 수취가 확실하게 이루어지고 있었고, 신라에서는 차정(次丁)에 해당되는 제공에 대한 수취가 사라졌거나, 사라지고 있었음을 의미한다. 결국 이후 신라에서는 제공이 노공에 흡수되어 정중제로 개편되어갔을 것으로 추론할 수 있다.

695년에 작성된 촌락문서의 연령등급제는 중국의 연령등급제 변화에 유념할 때, 진(晉)의 태시령(泰始令)을 기본적 모델로 하여 체계화되었고, 이후 당(唐)의 정중제(丁中制)에 영향을 받았든지, 아니면 자체적인 조세 경감의 방향 속에서 정(丁) 위의 차정, 즉 제공(除公)에 대한 면세의 조치가 단행되었을 가능성이 있다. 이로 볼 때 7세기 말까지 신라의 연령등급제는 중국 남북조의 연령등급제와 유사한 성격을 지니고 있었다고 말할 수 있다.[13]

결국 신라의 촌락문서나 고대일본의 미농국호적의 호구파악방식은 당령(唐令)에 영향을 받아 성립한 것이 아님을 분명히 알 수 있다. 신라와 고대일본이 가호(家戶)를 고구려 「광개토왕비」처럼 '연(烟)'으로 표기하였던 점, 촌락문서의 계연(計烟) 계산법이 균전제(均田制) 실시 이

전의 북위(北魏)의 세제(稅制)와 유사하였던 점, 그리고 촌락문서와 미농국호적의 호구기재양식이 거의 동일하였던 점 등을 아울러 고려할 때, 북위(北魏)→고구려(高句麗)→신라(新羅)→고대일본(古代日本)으로 이어지는 율령의 계보관계를 상정할 수 있다.[14]

한편 궁남지목간으로 알 수 있는 7세기 백제호적의 정, 중, 소 연령등급체계는 별도의 설명이 필요 없는 명확히 '정중제(丁中制)'에 해당되며, 이는 신라와 달리 백제가 이미 7세기에 중국의 정중제를 받아들였음을 의미한다. 따라서 백제의 중국 율령수용과정은 신라와는 달랐음을 분명히 알 수 있다.

백제 사비기의 관제(官制)인 22부제(部制)는 주례풍(周禮風)의 사도부(司徒部), 사공부(司空部), 사구부(司寇部) 등을 통해 알 수 있듯이 '북주(北周)' 관제에 영향을 받아 성립하였을 가능성이 높다.[15] 이러한 양국의 교류관계를 앞서의 백제 정중제(丁中制) 수용과 연결시켜 본다면, 백제 사비기의 율령은 서위(西魏)→북주(北周)→수당(隋唐)으로 이어지는 율령의 계보와 어느 지점에선가 연결되었을 공산이 크다.

이와 관련하여 고대일본의 호적기재양식이 8세기초 '대보령(大寶令)'을 분수령으로 하여 미농국호적(美濃國戶籍) 양식에서 서해도호적(西海道戶籍) 양식으로 변모하였다는 점도 주목된다. 전자의 양식은 '신라'의 촌락문서와 유사하지만, 후자는 '서위(西魏)'의 호적양식과 유사하다는 점이 일찍부터 지적되었다.[16] 그런데 8세기에 갑자기 고대일본에 서위의 호적기재양식이 등장하였던 것은 무엇 때문일까?

궁남지목간이 발견되기 전까지는 백제율령이 공백으로 남아있었기 때문에 이 문제에 답하기가 매우 어려웠다. 그러나 이제 궁남지목간을 통해 대보령 이후 고대일본의 호적기재양식의 변화 원인을 보다 구체적으로 추적할 수 있게 되었다. 다시 말해 고대일본의 대보령 성립에는 서위의 율령과 계보적으로 연결되어 있는 백제율령의 영향을 일차적으로 고려할 필요가 있다. 백제멸망 이후 백제의 식자층들이 고대일본으로 건너갔고, 이들이 대보령 성립에 절대적인 역할을 수행하였다.[17]

궁남지목간의 '귀인(歸人)', '부이(部夷)' 등의 귀화인 제도로 볼 때도, 이러한 주장은 설득력이 있다. 이 귀화인 문제는 다음 장에서 상세히 다루겠지만, 대보령(大寶令)에서 시작된 서위(西魏) 계열의 서해도 호적기재양식이 7세기말 망명한 백제계 귀화인들에 의해 고대일본에 전파되었을 가능성은 매우 높다고 생각된다. 7세기의 궁남지목간에 기록된 정중제(丁中制)의 연령등급제가 말해주듯이, 당시 백제율령에는 서위의 율령과 계보적으로 연결되는 점이 분명히 확인되기 때문이다.

이처럼 목간의 묵서는 매우 단편적인 기술이라고 하더라도, 당대(當代)의 살아있는 정보와 어휘를 담고 있다. 앞으로 한반도 고대목간자료의 출토점수와 비례하여 고대동아시아 각국의 문화교류에 대한 이해의 정도도 더욱 깊어질 것으로 생각된다.

지금까지 7세기 백제 사비도성의 호적을 발췌한 것으로 추정되는 궁남지목간을 통해 '정중제(丁中制)'에 입각한 백제의 연령등급제를 검토하여 보았다. 그 결과 고대일본의 대보령(大寶令)이 백제의 율령에 강하게 영향을 받아 성립하였음을 확인할 수 있었다. 한편 고대일본에는 북위(北魏)→고구려(高句麗)로 연결되는 신라(新羅)에서 전래된 율령과, 서위(西魏)→북주(北周)→수당(隋唐)으로 연결되는 백제(百濟)에서 전래된 율령이 시기를 달리하면서 도입, 착종되었던 것으로 생각된다.

결국 고대동아시아세계에는 중국문화가 전파, 수용되는 과정에 고구려와 백제를 축으로 하는 서로 다른 별개의 네트워크가 존재하고 있었다고 생각된다. 이와 관련하여 부여 쌍북리유적과 관북리유적에서 목간과 함께 출토된 백제의 '자(尺)'들도 매우 주목된다. 웅진·사비기의 백제 척도제 역시 백제와 신라의 율령 수용과정이 서로 확연히 달랐음을 분명히 보여주고 있기 때문이다.[18] 이제부터는 백제의 척도제를 분석하여, 백제 율령의 계보관계를 보다 명확히 설정하여보도록 하자.

3. 웅진·사비기의 척도제(尺度制)

1) 백제 척도제에 관한 쟁점

현재 백제의 척도제나 그 변천과정은 고구려·신라와 대체로 동일한 것으로 이해되고 있다. 즉 삼국은 모두 초기에 낙랑군을 통해 들어온 23cm 내외의 한척(漢尺)을 사용하였고, 이후 후기에는 고구려척(高句麗尺)이 새로운 척도로 널리 통용되었다는 견해가 바로 그것이다. 이는 고구려척을 양전척(量田尺)으로 수용했던 고대일본의 사례를 백제에도 그대로 적용한 일제시기 요네다(米田美代治)와 후지시마(藤島亥治郎)의 연구에서 비롯된 것이다.[19] 더욱이 해방이후 사비시대의 백제 사지(寺址)와 도성 유적들이 본격적으로 발굴되고, 그 조영(造營)에 고구려척이 사용되었다는 보고서가 계속 발간되면서,[20] 현재 이를 받아들이는 연구가 증가하고 있다.[21]

그러나 이러한 기존의 입장에 대해, 최근 의미있는 비판이 제기되었다.[22] 이 연구자는 사비기에 들어와 백제고분에 고도의 정형화(定型化)와 규격성(規格性)이 광범위한 지역에서 확인된다는 점에 기초하여, 고분의 축조에 공통적으로 사용되었을 것으로 추정되는 25㎝ 정도의 영조척(營造尺)을 추출하였다. 또한 이 척도는 무령왕릉을 비롯한 웅진기 전축분(塼築墳)의 축조에도 소급 적용될 수 있다고 보았다. 그는 이 영조척이 중국 남조의 척도로서, 웅진기에 백제와 양(梁)의 긴밀한 관계를 통해 수용되었을 것으로 파악하였다.[23]

도량형(度量衡)의 통일은 단순히 길이나 부피의 단위가 통일되었다는 것을 의미하는 것은 아니다. 도량형은 국가권력에 의해 법률로 강제화된 표준이며, 도량형제의 확립은 각 지역 간의 배타적이고 이질적인 문화가 보편적인 '수량(數量)'에 의한 국가지배로 포섭되었음을 의미한다. 따라서 사비기 각 지역의 고분 크기를 백제 중앙권력이 강요한 '규격(規格)'으로 이해하고, 그 기준척을 추출한 최근의 연구는 방법론적으로도 적확하며, 도량형제의 본질적 측면에 한발 다가선 매우 주목할 만한 견해라고 생각된다. 더욱이 웅진·사비기에 백제가 남조문화에 경도되어 있었다는 것은 일찍부터 다양한 부문에서 제기되어 왔고,[24]

24~25cm의 자 역시 실제로 양(梁)을 비롯한 남조에서 사용된 척도라는 점에서,[25] 이러한 주장은 깊이 숙고할 필요가 있다.

이에 필자는 사비기 백제유적의 영조척을 고구려척으로 이해한 발굴보고서들을 전면적으로 재검토하여 보았다. 그 결과 보고서의 주장은 귀납적으로 도출된 것이 아니라는 사실을 알게 되었다. 보고서들은 하나같이 영조척의 후보를 미리 고구려척과 당척(唐尺)으로 확정하여 대입하였고,[26] 아예 고구려척을 선험적으로 전제한 것도 있었다. 물론 계산된 결과가 정확하면 이러한 방법도 가능하지만, 보고서에서는 고구려척의 길이(=당척의 1.2배, 35.4~35.6cm)[27] 자체가 다양한 수치로 치환되어 있었고, 이로 인해 계산된 척수(尺數)도 대략적으로 결론내려졌다. 또한 건물의 규모나 주간거리(柱間距離)처럼 변수가 많고, 건축시 척촌(尺寸) 단위까지도 고려되었을 수 있는 요소를 시료로 선택한 문제가 있었다.

그런데 이러한 발굴보고서의 방법과 달리, 선험적인 전제없이, 백제유적으로부터 다양한 기준척 후보들을 1차, 2차에 걸쳐 추출하려한 연구가 있어 주목된다. 이 연구자는 한국고대 유적의 영조척을 검토하는 가운데 백제의 고분과 사지(寺址)도 다루었는데, 백제유적의 영조척 후보들 중 하나로 24.5~25cm 정도의 척도를 2차후보로까지 제시하고 있다.[28] 그러나 아쉽게도 이 연구에서는 이처럼 중요한 결과를 측량시 우수리를 없애고 기록한 보고서의 대략적인 측정치 때문이라며 쉽게 간과하여 버렸다.[29]

하지만 송산리고분, 능산리고분, 금강사, 미륵사 등 웅진·사비기의 핵심적인 유적에서 모두 공통적으로 25㎝ 정도의 척도가 2차후보로까지 추출되었고, 고구려와 신라는 어떠한 유적에서도 이러한 척도가 1차 후보로도 제시되지 않았다는 점에서, 이 척도와 백제유적의 상관성에 대한 적절한 의미부여가 있었어야만 했다고 생각된다.[30]

필자는 이러한 최근의 연구들을 참고로 하여,[31] 백제후기의 영조척을 고구려척으로 이해했던 기존의 견해를 재검토해보려고 한다. 특히 최근 부여 쌍북리유적과 관북리유적에서 출토된 백제자(尺)는 웅진·사비기 백제 척도제의 추이와 그 특징을 이해하는데 큰 도움이 된다. 쌍북리유적 출토 백제자는 발굴과 동시에 학계에 보고되었지만,[32] 관북리유적 출토 백제자는 아직도 학계에 널리 알려져 있지 않다.

2) 쌍북리 및 관북리유적 출토 백제자

충남대학교 박물관이 발굴한 부여 쌍북리유적에서 완형은 아니지만, 백제시대의 자(尺) 단편이 하나 발견되었다. 이 자는 부여 금성산(錦城山)의 북쪽 경사면이 끝나는 지점인, 쌍북리 102번지 일대의 저지성 습지에서 출토되었다. 자가 출토된 백제문화층에서는 이 외에도 목간 및 상자 형태의 뒷박, 그리고 기와, 경질의 백제토기편들이 많이 출토되었다.

자를 비롯한 백제시대의 목제품들은 발견상태로 보아 급류에 휩쓸려 윗쪽 지역에서 흘러 내려와 퇴적된 것으로 추정된다. 따라서 금성산 북

그림 50. 부여 쌍북리유적 출토 백제자

쪽 기슭에 자와 됫박, 목간 등을 사용했던 백제시대의 중요한 관아시설이 있었을 것으로 판단된다. 발굴자는 이 백제자의 사용연대를 대체로 7세기 초반으로 추정하고 있다. 위〈그림 50〉은 이 백제자의 현존 길이와 각 눈금의 세부 길이를 표시한 것이다.

이 백제자는 그림으로 알 수 있듯이, 한쪽만 완형을 유지하고 있고, 그 반대쪽은 파손되어 전체 길이를 알 수 없다. 이 자는 단면이 사각형인 길다란 막대 형태로 만들어졌으며, 현존 길이는 19.20cm이다. 한편 자의 눈금은 장방형 단면의 넓은 면에 새겼는데, 완형을 유지하고 있는 쪽을 기준으로 하여 첫 번째 눈금까지는 2.90cm이며, 그 다음 눈금들의 간격은 차이가 있지만 대체로 1.45cm 내지 1.50cm 정도이다. 이러한 눈금 간격으로 인해, 보고자는 이 자를 당척(唐尺 혹은 唐大尺)의 단편으로 추정하였다.

이 경우 첫 번째 눈금은 당척의 1촌(寸), 그 다음 눈금들은 모두 5푼(分) 간격으로 새긴 것이 된다. 따라서 이 자는 6촌5푼 정도만 남아 있다고 할 수 있다.[35] 이 자는 완형이 아니어서 전체 길이는 알 수 없지만, 자의 폭이 0.8~1.0cm 정도로 가늘기 때문에, 1척(尺)보다 길어지면 부러질 소지가 크다. 따라서 실용적인 측면에서 볼 때, 이 백제자는 원래 모습이 1척짜리 자였을 것으로 추정된다.

당척 또는 당대척(29.5~29.7㎝)은 당이 기존의 척도(1尺=24.6~24.8 ㎝)를 1.2배하여 새롭게 만든 척도다. 이로 인해 당에서는 기존의 척도를 소척(小尺), 새로운 척도를 대척(大尺)으로 명명하였다. 물론 이 대척은 당보다 앞서 남북조를 통일한 수(隋)의 문제(文帝) 때에 이미 국가기준척(소위 開皇尺)으로 확정된 바 있지만, 곧이어 양제(煬帝) 때 다시 기존의 소척으로 기준척이 환원되는 등, 수대(隋代)는 대척제 성립의 과도기로 변동이 심하였다. 따라서 당대척(唐大尺)은 그 이름 그대로 당대(唐代)에 이르러 국가의 기준척으로 확정된 척도라고 말할 수 있다.[34]

앞서 검토한 쌍북리유적에서 출토된 백제자로 볼 때, 백제에서도 사비기의 어느 시점에 당대척을 수용하여, 척도제의 일대 개혁을 단행하였던 것으로 추정된다. 백제는 무왕(武王) 22년(621) 이후 당에 해마다 사절을 파견하였고, 의자왕(義慈王) 11년(651)을 기점으로 하여 당과의 관계가 악화되었기 때문에,[35] 백제가 당대척을 수용한 시점은 이 사이 기간을 상정하는 것이 합리적이다. 이를 좀더 좁혀본다면, 의자왕대보다는 수당(隋唐)의 등장이라는 중국의 새로운 변화에 능동적으로 대처했던, 621년 이후의 무왕대에 백제에서 당대척을 수용하여 척도제의 일대 개혁을 단행하였을 가능성이 높다고 생각된다.

그런데 이와 관련하여 주목되는 것은 당시 당과 매우 친밀했던 신라의 경우에는, 오히려 백제보다 늦은 문무왕(文武王) 5년(665)에 가서야 비로소 당대척이 국가의 새로운 기준척으로 자리잡았다는 점이다.[36] 백제의 당대척 수용이 신라보다 더 빨랐다는 사실은 사비기의 백제 척도제를 이해하는 데 있어, 반드시 유념해야 될 대목이라고 생각된다.

앞서 언급하였지만, 도량형제는 수취제, 즉 세금과 직결된 국가적인 표준이기 때문에 제도개혁이 간단치 않다. 중국에서 대척제가 확립되는 과정에, 소척제와 대척제가 번갈아 갈마드는 수대의 과도기가 있었던 것도 이를 잘 말해준다. 그런데도 백제의 당대척 수용이 중국에서 대척제가 확립되는 시점과 거의 시차없이 순조롭게 진행되었다는 것은 무엇을 의미하는 것일까? 이 점을 신라의 당대척 수용과정과 비교하면서 이해하여 보도록 하자.

신라에서는 당대척을 수용하기 이전에, 고구려의 척도제를 받아들여 견포수취(絹布收取)의 국가기준척으로는 후한척(後漢尺)을, 영조척과 양전척으로는 고구려척을 사용하는 이원적인 척도제를 실시하고 있었다. 이로 인해 신라는 당과의 관계가 긴밀해지고 당의 율령이 신라의 율령에 영향을 미치고 있는 상황에서도 당대척의 수용만은 지체되었다. 당대척은 소척을 기초로 하여 탄생한 척도제이기 때문에 소척이 사용되지 않았던 신라로서는 당대척을 수용하는 과정에서 기존의 국가적 표준과 갈등이 일어날 소지가 컸다. 당에서도 새로운 대척제는 기존의 소척제에 입각한 표준들을 수용하면서 자리잡아갔기 때문이다.

예를 들어 당에서는 대척이 기준척이 된 이후에도, 당 이전에 소척에 입각해 짜놓은 토지측량의 중요한 표준들이 계속 유지된다. 대척제 하의 당에서는 당대척 5척=1보제(기존에는 소척 6척=1보제)라는 새로운 보척환산법(步尺換算法)이 시행되었는데, 이는 토지측량의 기준이 되는 기존의 1보(步, 소척 6척=당대척 5척) 길이를 유지하기 위한 조치였다. 이로 인해 당에서는 대척제 하에서도 새로운 토지측량 없이 소척으로 측량된 토지면적이 그대로 유효하였다. 즉 당의 대척제는 기존의 소척제를 수용하는 선에서 이루어진 개혁이었다.

한편 신라에서는 665년 이후 당대척으로 척도제를 일원화하였지만, 기존의 1보(步)를 그대로 유지하기 위해 당대척 6척=1보(=고구려척 5척)라는 당과는 완전히 다른 보척환산법을 시행하였다. 이 역시 고구려척에 의거해 짜놓은 신라의 기존 표준들 때문이라고 생각되며, 신라에서 당척제로의 전환이 지연된 원인도 이 때문이라고 추론된다. 결국 665년 이후 신라가 당대척을 수용하였다고 하더라도, 이때의 신라 척도제는 당의 척도제라기보다는 신라의 기존 척도제에 기초한 당척제로의 전환이라고 말하는 것이 옳다고 생각된다.[37]

이러한 점에서 본다면, 백제의 당대척 수용이 중국에서 대척제가 확립되는 시점과 거의 시차없이 순조롭게 진행되었다는 것은, 무왕 22년 이전의 백제 척도제가 이미 중국의 남조 척도제, 즉 소척에 기초하고 있었을 가능성을 강하게 암시하고 있다. 이는 관북리유적에서 출토된 다음의 백제자(尺)를 통해 분명히 알 수 있다.

지난 2002년 충남 부여 관북리유적의 연지(蓮池)에서는 목간과 함께 대나무편이 발굴되었다. 관북리목간과 달리 이 대나무편의 용도에 대해서는 학계에 제대로 소개되지 않았다. 이 대나무편은 최근 신문지상

(新聞紙上)을 통해, 백제가 웅진·사비기에 사용했던 25cm 정도의 남조
척(南朝尺)일 가능성이 높다는 주장이 제기되었다.[38)]

이 기사에 의하면, 지난 2003년 국립부여박물관에서 열린 '백제의 도
량형' 전을 기획했던 국립중앙박물관 전시팀의 김규동 학예연구관이
"눈금 간격이 평균 2.5cm인 부여 관북리 연못터 출토 대나무 자의 제원
으로 볼 때 국내에서 처음 발견되는 중국 남조척일 가능성이 높으며 웅
진백제와 사비백제 전반기 고분 조성이나 각종 유물 제작에 사용된 실
물자료가 확인됐다는 점에서 의미가 크다"는 평가와 함께 관북리 출토
대나무자를 공개하였다고 한다.

붓글씨로 얼굴모양을 그린 토기편 등과 함께 출토된 이 대나무 자는
잔존길이 10cm, 너비 1.6cm, 두께 0.3cm. 3개의 눈금이 확인되며 눈금의
간격이 각각 2.5cm, 2.4cm, 2.6cm여서 평균치로 따지면 2.5cm가 돼, 완
형일 경우 중국의 남조척과 같은 25cm 정도의 크기로 예상된다. 또 뒤
편에는 '大□竹□□'란 5자 정도의 문자가 음각되어 있다고 한다. 웅
진·사비기에 백제가 중국 남조와의 긴밀한 교류 속에서 25cm 정도의
소척(小尺·南朝尺)을 사용했을 가능성을 제기해온 필자로서도 이 소식
을 접하고 그동안 추측만 해왔는데 논거를 입증하는 실물자료를 확인
할 수 있게 되어 크게 기뻤다.

이러한 백제자로 볼 때, 백제는 한성기에는 낙랑·대방군으로부터 들
어온 23.7cm의 후한척을 사용하였고, 이어 웅진·사비기에는 중국남조
와의 긴밀한 교류 속에서 24~25cm 정도의 소척으로 변경하였다가, 사

비기 말인 무왕 후반대에 이르러 29.7cm의 당대척을 받아들였다고 생각된다. 따라서 백제의 척도제는 중국의 척도제와 거의 시차없이 동일한 변화를 겪었다고 할 수 있다. 이는 고구려·신라의 척도제와는 질적으로 다른 모습을 보여준다.

3) 웅진·사비기 백제 척도제의 특징

고구려·신라는 초기에 후한척을 수용한 이후, 오랫동안 이 척도를 국가의 기준척으로 사용하였다. 이후 고구려에서는 절대면적에 기초한 중국의 양전제(量田制)와는 다른, '수확량(生産量)'에 기초한 양전방식을 채택하였고, 이로 인해 후한척의 1.5배(1肘)를 1척으로 하는 35.6cm의 고구려척이 고구려의 양전척으로 탄생하게 된다.

이 고구려척은 그 길이로도 알 수 있듯이, 고구려의 국가기준척으로 만들어진 것이 아니며, 양전척·영조척으로 사용된 척도였다. 이후 고구려는 국가기준척으로는 후한척이, 양전척과 영조척으로는 고구려척이 사용되는, 이원적인 척도제로 변모하게 된다. 이는 고구려척을 양전척으로 수용한 신라와 고대일본의 양전제가 모두 그 연원(淵源)이 수확량에 기초한 양전방식이었다는 점, 또 이들 양국(兩國)이 모두 이원적인 척도제를 실시하고 있었던 것으로 잘 알 수 있다.[39]

따라서 고구려척은 해당국가의 양전제와 밀접히 연관되면서, 고구려를 떠나 고대동아시아 각 국으로 전파되었고, 중국의 일원적인 척도제와 구분되는 '고구려척문화권(高句麗尺文化圈)'을 탄생시켰다. 물론 이러한 이원적인 척도제는 수당제국이 등장하고, 이들의 힘이 군사력과 율령을 매개로 동아시아 전역으로 확대되면서, 고구려척문화권은 서서히 소멸되고, 결국 동아시아는 모두 당대척으로 척도제가 일원화된다. 그러나 신라와 고대일본의 당대척 일원화과정이 당과 달리 대척 6척=1보제로 귀결된 것은 고구려척문화권의 유제(遺制)이며, 이는 일원화 이후 양국 척도제의 변화에 계속해서 영향을 미치게 된다.

그러나 백제는 고구려·신라·고대일본과는 전혀 다른 길을 걷고 있었다. 고구려·신라와 달리 백제는 중국의 일원적인 척도제 문화권에 줄곧 포함되어 있었다. 앞서 검토한 백제의 연령등급제에서도 백제는 신라와 달리 수당의 정중제(丁中制)를 일찍부터 받아들였다. 이러한 점들은 백제 지배층의 중국문화에 대한 인식과 그 수용방식에 나타나는 특징을 분명하게 보여준다. 이제부터는 백제도성의 안과 밖에 가설된 공간구조나 특수한 행정구역에 주목하면서 이 문제를 더욱 구체적으로 이해하여보도록 하자.

분식(粉飾)된 사비도성과 백제왕권

1. 도성의 공간구조와 정림사

고대국가의 도성은 독특한 도시경관과 상징적인 장엄의례를 통해 국가권력의 위엄과 중심을 연출해낸다. 이러한 도성의 경관으로 대표적인 것은 정치중심으로서의 왕궁(王宮)과 종교적 성소(聖所)로서의 국가사찰(國刹) 등이 있다. 앞서 검토한 도성의 경계에 건립된 능사도 그 중의 하나이다. 백제는 사비도성을 바둑판처럼 도로구획(道路區劃)하고, 이러한 왕권의 기념비를 도성 내외의 상징적 공간에 배치하였다.

기존에 알려져 있는 부여 관북리유적의 도로유구, 그리고 최근 발굴된 궁남지 서북편 및 군수리(軍守里) 지점의 도로유구 등으로 볼 때,[1] 백제 사비도성은 도로에 의해 질서정연하게 내부 공간이 분할되어 있었던 것으로 추정된다. 특히 관북리유적에서는 남북대로(南北大路), 그것과 직교하는 동서소로(東西小路), 그리고 남북대로와 평행하게 설계된 남북소로(南北小路) 등, 세 개의 도로가 세트를 이루며 함께 발견되었다.[2] 비록 이 유적의 북단은 부소산 기슭에 이어져 있어 동서도로가 건설되지 않았지만, 사방이 도로로 구획된 백제도성 내의 기본단위구획이 최초로 그 모습을 드러낸 중요한 발굴이었다. 이러한 단위구획은 사비도성의 부·항(部·巷)을 구성하는 기초단위였다고 생각된다.[3]

우선 관북리유적의 이 단위구획이 어떠한 모습으로 건설되었는지 확인하여 보도록 하자. 〈그림 51〉은 관북리유적의 도로유구 전체를 그린 평면도이다.[4] 이를 통해 알 수 있듯이 도로 3개와 북단의 석축이 명확하게 하나의 단위공간을 만들어내고 있다. 특히 도로의 방향은 자북(磁北) 방향에서 7도 정도 동쪽으로 기울어진 진북(眞北) 방향으로 건설되

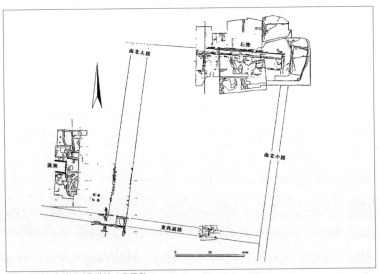

그림 51. 부여 관북리유적의 도로구획

어 있는데,[5] 부소산의 석축시설, 배수시설, 건물기단, 연지 등은 물론, 후술하는 정림사를 비롯한 여러 사찰들, 궁남지 서북편과 군수리 지점의 동서도로들도 모두 5~7도 정도 동쪽으로 기울어진 진북 방향으로 조영되어 있다. 이러한 점으로 볼 때, 도성 전반이 도로구획에 조응하여 계획적으로 건설되었을 가능성이 높다.[6]

관북리유적 발굴보고서에 의하면, 남북대로의 너비는 8.9m이고, 그 양쪽 측면 중 동쪽에 74~75㎝, 서쪽에 110㎝의 배수를 위한 측구시설(側溝施設)이 설치되어 있었다고 한다. 이로 보면 남북대로의 너비는 10.75m 정도이나, 남북대로의 북쪽부분에서는 전체 도로너비가 10.6~10.9m였다고 한다.[7] 기존의 연구에서는 이러한 수치에 고구려척을 영조척으로 대입하여, 도로너비 25척, 동쪽측구 약 2척, 서쪽측구 약 3척, 전체 남북대로의 너비 약 30척으로 조영되었다고 이해하였다.[8]

한편 동서소로와 남북소로는 모두 동일한 크기로 구획되었는데, 도로너비 3.9~4m에 양쪽 측구가 각각 70~80㎝ 정도이며, 이 측구들은 남북대로의 동편 측구의 너비와 비슷한 규모라고 한다.[9] 이에 대해서도 고구려척을 영조척으로 대입하여, 도로너비 약 11척, 측구 약 2척, 전체 도로너비를 550㎝로 잡아 약 15척으로 조영되었다고 보았다.[10]

그러나 보고서의 측량수치는 그 폭이 커서 연구자가 이를 편의적으로 선택할 수 있고, 또 '약'이라는 표현으로도 알 수 있듯이, 고구려척이 영조척이었다고 단정하기에는 석연치 않은 점이 있다. 더욱이 앞서 웅진, 사비기의 척도로 새롭게 제기한 25㎝ 정도의 소척을 대입해도 고구

려척에 못지않은 환산치를 얻을 수 있다.[11]

예를 들어 도로의 측구는 3척, 양쪽 측구를 합하면 6척으로 1보가 된다. 대로(大路)의 폭은 36척으로 6보이며, 소로(小路)의 폭은 16척이 된다. 따라서 대로의 전체 폭은 42척=7보(최소치 10.6m일 경우)이며, 소로의 전체 폭은 21척(최소치 5.3m일 경우)으로 대로의 절반(3.5보)이라는 환산치를 얻을 수 있다. 따라서 고구려척을 선험적으로 대입하는 기존의 방식은 문제가 있다고 생각된다.

이러한 문제점을 해소하고, 도로구획에 사용된 영조척을 보다 합리적으로 구할 수 있는 방법은 없을까? 이와 관련하여 이 도로구획을 도성 내 기본단위구획으로 설정하고, 도성공간 전체의 규모를 그려보는 것도 한 가지 방법이 될 수 있다. 즉 사비도성의 전체 공간을 거시적으로 이해하고, 이를 기초로 하여 미시적인 영조척을 이끌어내는 작업이다.

사비도성은 538년 천도이후 시간의 추이에 따라 그 공간이 확대되었을 가능성이 있지만,[12] 일반적으로 북쪽의 부소산성(扶蘇山城), 서쪽과 남쪽의 백마강(白馬江), 동쪽의 나성(羅城) 등 자연적, 인공적 방어선으로 구획된 지역이 도성공간으로 널리 인정되고 있다.[13] 한편 이 사비도성 내에 있었을 왕궁의 위치는 그동안 논란이 있었는데, 최근 많은 연구자들이 앞서 언급한 관북리유적 일대를 왕궁지 후보로 비중있게 거론하고 있다. 특히 이곳에서 최근 정면 7칸 측면 4칸의 대형건물지가 발굴되어 왕궁지일 가능성이 더욱 높아졌다.

백제 왕궁의 위치와 관련하여 『한원(翰苑)』에 인용되어 있는 「괄지지

(括地志)」의 기술도 이러한 고고학적 상황과 다르지 않다.「괄지지」에는 "백제왕성은 사방 일리반(一里半)인데, 북면(北面)에 돌을 쌓아 만들었다. 성 아래는 만여가(萬餘家)가 가능한데, 오부(五部)가 있는 곳이다."라고 기록되어 있다.[14] 이에 의하면 왕궁은 사비도성의 북쪽에 위치하고 있는 현 부소산성 지역과 관북리유적 일대밖에 없다.[15] 특히 부소산성은 그 크기와 위치, 축성법 등이 위 기록에 부합된다.[16]

한편 『삼국사기』에는 의자왕 19년(659) 9월에, "밤에 귀신들이 궁남로(宮南路)에서 울었다."라는 기록이 있다.[17] 이 기사는 '백제멸망'의 조짐으로 특별히 기록한 것이라는 점에서, '궁남로'는 '백제'를 상징하는 사비도성의 중심도로였다고 생각된다. 이 궁남로는 명칭상으로 볼 때, 왕궁에서 남쪽으로 뻗은, 소위 후대의 '주작대로'에 비견된다고 할 수 있다.

그런데 부소산성과 관북리유적을 왕궁이라고 할 때, 사비도성의 서쪽은 백마강이 흐르고, 동쪽은 금성산이 솟아 있어, 도성의 공간확보를 고려한다면 관북리유적의 남북대로와 그 연장선이 도성공간의 중심축으로 기능하였을 가능성이 매우 높다.[18] 주지하듯이 이 남북대로를 남쪽으로 연장하면 정림사(定林寺)의 서쪽 담장선과 일치하며, 이 도로 연장선의 남쪽 끝에 현 궁남지(宮南池)가 위치하고 있다. 따라서 관북리유적의 남북대로와 그 연장선은 백제 당시 '궁남로'로 불린 사비도성의 중심도로였다고 생각된다.

이러한 필자의 추론이 틀리지 않았다면, 관북리유적의 남북대로와 남북소로의 중심간 거리를 통해 사비도성의 전체공간을 그려볼 수 있다. 즉 남북대로의 중심선을 축으로 하여 이를 좌우로 계속적으로 확대하면, 도성 전체의 동서간 규모를 추출할 수 있으며, 이 경우 사비도성의 전체 공간을 거시적으로 이해하고, 이를 기초로 하여 미시적인 영조척을 이끌어낼 수도 있다고 생각된다. 물론 이는 사비도성 전반이 도로에 의해 동일한 크기로 정연하게 구획되어 있었다는 것을 전제할 때 가능하다.

백제시대에 사비라 불리어진 현 부여시가지 일대는 사비천도가 있기 전까지 결코 지역의 위상이 높지 않았다. 최근까지 보고된 고고학적 자료로 알 수 있듯이, 부분적으로 청동기시대 이래의 유적이 확인되지만, 그 밀도는 인접한 지역에 비해 현저히 낮다. 또 현재의 부여시가지 일원의 저지대는 대부분 사비이전 시기의 유구나 유물이 확인되지 않는 저습지 퇴적층으로 구성되어 있다. 따라서 사비도성은 대규모의 저습지 개발을 통한 계획적인 신도시 건설과정을 거쳐 탄생되었다고 할 수 있다.[19] 이 경우 사비도성은 바둑판의 눈금처럼 정연한 크기의 도로구획을 만들고, 그에 조응하여 건설되었을 가능성이 있다.

이와 관련하여 1918년에 발행된 5만분의 1 부여지역 지형도에서, 관북리 지점의 도로구획과 비슷한 크기의 사각형 구획들이 지금의 부여문화재연구소 지점에서부터 남쪽으로 3개, 그리고 동쪽으로 4개 가량 뚜렷하게 확인되어 주목된다.[20] 또 궁남지 서북편 일대와 군수리 지점에서도 관북리 지점과 도로의 방향이 동일한 동서도로 유구들이 확인되었다. 물론 현재의 발굴상황으로 볼 때, 백마강과 동나성으로 구분되는 사비도성 전체지역에 도로구획들이 조성되어 있었던 것은 분명 아니지만, 적어도 저지대 침수지가 아닌 궁남지 이북지역에는 정연한 도로구획들이 존재하였던 것으로 생각된다.

관북리유적의 남북대로와 남북소로의 중심간 거리는 약 93m이다.[21] 이는 소척으로 372척이며, 보수(步數)로 환산하면 62보이다. 고구려척도 물론 35.76cm로 잡아 260척 즉 52보라는 환산치를 얻을 수 있다. 그러나 단순히 보수(步數)로 환산되는 것만으로는 충분하지 않다. 이 단위구획의 보수(步數)를 좌우(동서)로 확대하여 완수를 얻고, 또 그 완수가 도성의 전체공간구성과 관련성이 있을 때라야만, 그것이 의미있는 수치가 될 수 있다. 그런데 고구려척과 달리, 소척(小尺)으로 환산한 62보는 사비도성의 전체공간구성과 관련하여 시사하는 바가 크다.

아래 〈그림 52〉는 관북리유적 동쪽에 건설되었을 도로구획들을 대략적으로 복원해 본 것이다. 현재로는 사비도성 내 도로유구에 대한 발굴자료가 많지 않기 때문에, 필자의 이러한 시도는 분명 무리한 측면이 있지만, 일단 관북리유적의 남북대로, 남북소로, 동서소로의 관계를 그대로 적용하여, 십자형의 소로 바깥에 대

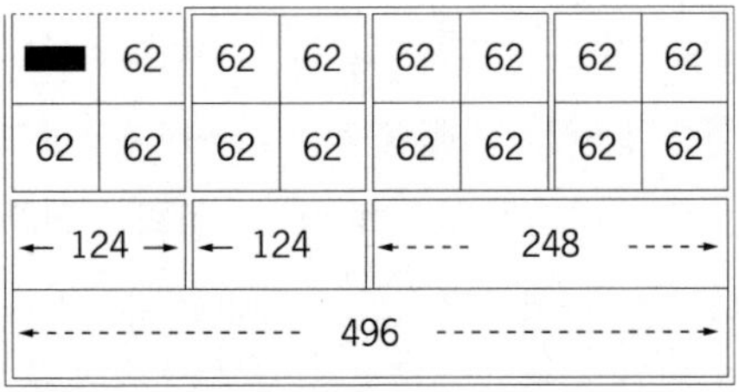

■	62	62	62	62	62	62	62
62	62	62	62	62	62	62	62

← 124 → ← 124 → ←---- 248 ----→

←-------------- 496 --------------→

그림 52. 관북리유적 동쪽의 도로구획 복원도
[단위: 보(步)=6소척(小尺)]

로가 존재하는 모습을 상상하여 보았다. 이러한 전제 하에 남북대로와 남북소로의 중심간 거리 62보를 동으로 계속 확대하여 관북리유적 동쪽에 존재했을 사비도성의 도로구획을 복원해 보았다.

위 그림의 좌상단 모퉁이에 검게 표시한 칸은 관북리유적으로, 앞서 검토한 〈그림 51〉의 도로유구가 발견된 지점이다. 즉 이 칸 왼쪽의 이중실선은 '남북대로'를 나타낸 것이며, 아래쪽 실선은 '동서소로', 오른쪽 실선은 '남북소로'에 해당된다. 위쪽의 점선은 부소산 가장자리를 따라 건설한, 관북리유적 북단의 석축이다. 관북리유적의 북쪽은 부소산 가장자리와 직접 만나기 때문에 동서도로가 처음부터 계획되지 않았다고 생각된다.

관북리유적의 남북대로와 남북소로의 중심간 동서간격은 소척으로 62보였다. 위 그림의 각 칸 내에 써있는 62라는 숫자는 이 동서간격을 표시한 것이다. 결국 위 그림 상단의 각 칸은 동서간격 62보로 구획된 사비도성 내의 기본단위구획을 표현한 것이 된다. 그런데 동서간격이 62보인 단위구획을 동일한 크기로 우측(동쪽)으로 확대하면 124보, 다시 124보를 더 확대하면 248보라는 수치를 얻을 수 있다. 이러한 248보의 구간을 하나 더 설정하면, 단위구획 8개, 전체 동서간 거리 496보(=62보×8)가 된다. 이에다가 496보의 끝에 존재하는 계산에 포함되지 않은 남북대로의 절반 폭 3.5보를 더하면, 관북리유적의 남북대로 중심선에서 이곳까지는 약 500보가 된다.

지금까지 도로 중심간 거리가 62보인 단위구획을 동으로 계속 확대하는 작업을 통해 500보라는 완수를 얻을 수 있었다. 한편 그 반대방향인 관북리유적의 서쪽으로 다시 단위구획 8개를 확대하면, 관북리유적의 남북대로 중심선에서 동서로 각각 500보의 공간이 성립하게 된다. 이러한 '완수'는 쉽게 간과할 수 없는 수치라고 생각된다. 더욱이 이를 사비도성 전체 공간에 대입해보면, 이 완수가 필자의 계산에만 그치는 것이 아님을 알 수 있다.

아래 〈그림 53〉은 「부여군문화유적분포지도(扶餘郡文化遺蹟分布地圖)」를 이용하여,[22] 관북리유적의 남북대로를 중심축으로, 동서로 각각 소척 500보(=750m) 거리에 남북방향의 평행선을 그려본 것이다. 관북리유적은 지도의 28번 유적 내 검은색으로 칠한 지점이다. 이 유적의 남북대로 방향은 원래 자북 방향에서 7도 정도 동쪽으로 기울어진 진북 방향으로 건설되어 있지만, 지도로는 도로유구를 정확히 설정하기 어려워, 편의상 자북 방향으로 그렸다. 앞서 언급한 바와 같이 이 남북대로의 연장선은 정림사지(39번 유적) 서쪽 담장선과 일치하며, 이를 더 남쪽으로 연장하면 현 궁남지유적(9번 유적)과 만나게 된다.

이렇게 임의의 선을 그리면, 왕궁인 부소산성 전면에 동서로 각각 500보씩, 즉 소척 1000보의 도성공간이 남북대로를 사이에 두고 좌우대칭형으로 자리잡게 된다. 그런데 관북리유적의 남북대로 중심선에서 서쪽으로 소척 500보 거리의 평행선이 과거 서나성유적으로 생각하였던 구교리(舊校里) 구드래 일원의 인공제방(23번 유적 바로 왼편에 있는 서남방향의 제방) 및 그 연장선과 일치하고 있어 주목된다.[23]

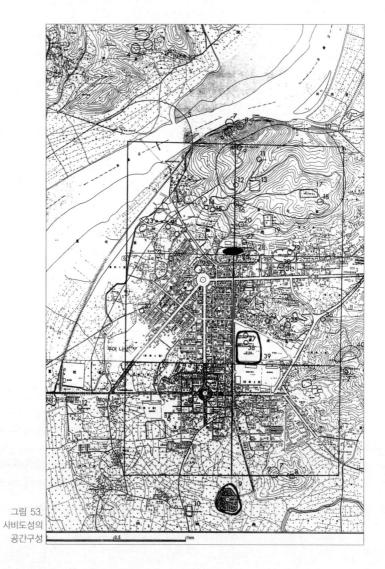

그림 53.
사비도성의
공간구성

백마강의 동안(東岸)은 대략 표고 10m 가량의 낮은 구릉이 마치 제방처럼 백마강변을 따라 존재하고 있다. 이 등고선은 자연제방의 역할을 하였고,[24] 이 구릉을 따라 일부 구간에 1950년대에 인공제방이 가설되었다. 따라서 이 선 바깥(서쪽)은 백마강의 범람에 상시 노출된 홍수위험이 매우 높은 지역이기 때문에, 저습지 개발에 필요한 노동력과 비용, 당시의 기술적 수준 등을 고려할 때, 사비시대에는 도성공간으로 개발될 수 없었던 지역이라고 생각된다. 혹 당시 이 바깥에 농작물의 재배지나 그와 관련된 시설이 존재하였을 수는 있어도,[25] 도로구획으로 구획된 도성공간은 아니었다고 추정된다. 구교리의 폐사지(廢寺址, 23번 유적)도 이 선 바로 안쪽(동쪽)에 있는데, 필자는 이 지점이 바로 사비도성의 서단이 아닐까 생각한다.

한편 관북리유적의 남북대로 중심선에서 동쪽으로 500보되는 지점의 평행선은 금성산성(錦城山城, 40번 유적)의 서쪽능선에 걸린다. 이 바깥(동편)으로는 금성산 정상이 솟아있고, 표고 50~100m의 구릉이 동나성까지 넓게 펼쳐져 있다. 이러한 지형적 조건으로 볼 때, 도성공간은 이 두 선 안쪽 지역이 가장 적합하다고 생각된다. 사비시대의 유적 또한 백마강 동안과 금성산 서록 사이에 가장 높은 밀도를 보여주고 있다.

그런데 현재 부여시가지는 동서로 도로(31번 유적 아래의 도로)가 관통하고 있다. 이 도로는 부여 동북쪽의 공주, 동쪽의 논산에서 들어와, 부여에서 다시 서남쪽 임천으로 빠져나가는 국도다. 백제 당시에도 중요한 관도(官道)였을 것으로 추정된다. 이 관도는 동나성 안쪽에서 사비도성의 동서대로와 만났을 것으로 생각된다. 이 동나성 안쪽 금성산 (錦城山) 북동쪽 쌍북리 일대 역시 도성공간으로 개발될 수 있는 지형적 조건을 갖추고 있다. 그러나 왕궁(부소산성)의 입지, 백마강과 금성산의 지형적 조건, 그리고 백제를 상징하였던 '궁남로' 등의 존재에 주목할 때, 관북리유적의 남북대로를 중심축으로 한, 동서 각각 500보 내의 좌우대칭형 공간이 사비도성의 핵심지역이었을 것으로 추정된다.

지금까지 필자는 관북리유적, 정림사, 궁남지, 구교리 폐사지 등 사비시대 유적들의 상호관계, 그리고 백마강 동안, 금성산 등의 지형적 조건에 의거하여, 사비도성은 왕궁인 부소산성을 북쪽 정점에 두고, 이 왕궁에서 남쪽으로 뻗은 '궁남로(宮南路, 관북리의 남북대로)'를 중심축으로 하여, 동서 각각 500보 내의 공간에 좌우대칭형의 구조로 건설된 도성임을 주장하여 보았다. 이러한 추론이 허락된다면, 앞서 필자가 소척을 영조척으로 하여 추출한, 도성 내 기본단위구획의 동서간격 '62보'는 의미있는 수치일 가능성이 높아진다.

정림사지 구획을 분석해보더라도, 사비도성 기본단위구획의 남북간격은 동서간격 62보와 동일하였거나, 장폭비가 그렇게 크지 않았을 것으로 추정된다. 이러한 필자의 가설을 관북리 지점 동서소로와 궁남지 서북편의 동서대로 사이에 적용하여 보자. 이 사이의 남북간격은 GPS 측량결과 1470.3m라고 한다.[26] 이 거리는 소척으로 약 1000보에 해당되므로, 사방 62보의 정방형 단위구획 16개를 설정할 수 있다.

앞서 제시한 〈그림 53〉에서, 관북리유적의 남북대로 및 그 연장선과 직교하는 동서방향의 평행선들은, 기본단위구획의 동서간격 62보를 임의로 남북간격에도 적용하여, 관북리유적에서 남쪽으로 小尺 500보, 그리고 1000보 거리에, 각각 동서방향으로 그린 평행선들이다. 대체로 남쪽으로 500보의 거리에 정림사 구획의 남쪽 담장선이 걸리며, 다시 그곳에서 남쪽으로 500보 바깥에 궁남지 서북편 도로유적이 위치하고 있음을 알 수 있다. 물론 왕궁의 남단이 어디인가, 또 기본단위구획의 남북간격이 정확히 얼마인가에 따라 이러한 사비도성의 동서대로는 그 위치가 다소 변동될 수 있지만, 왕궁(부소산성)과 궁남지의 중간지점에 정림사가 위치하고 있다는 점은 매우 주목된다.

앞서 언급한 바와 같이 정림사가 이른바 도성의 주작대로에 비견되는 궁남로(관북리유적의 남북대로) 선상에 나란히 위치하고 있는 것만으로도 이 사찰의 비중을 충분히 짐작할 수 있지만, 특히 백제 멸망 후 소정방(蘇定方)이 정림사의 오층석탑에 「당평백제비문(唐平百濟碑文)」을 새겼다는 것은 당시 이곳이 백제를 상징하는 가장 핵심적인 국가사찰이었음을 무언으로 말해주고 있다.[27]

한편 앞서 살펴본 바와 같이 궁남지 주변 일대를 비롯하여 그 남쪽 지역은 백마강의 배후습지이기 때문에, 도성의 중심공간으로 설정하기가 매우 어려운 지형적 조건을 가지고 있었다. 만약 궁남지가 사비도성의 초입부분이고 그 이북 지역에 5부(部)의 행정구역이 편성되어 있었다면, 위 〈그림 53〉에서처럼 정림사는 대체로 사비도성의 한가운데에 위치한 사찰이라고 말할 수 있다.

신라의 경우에도 국가사찰인 성전사원(成典寺院)들은 도성의 동·서·남·북 경계지점과 도성의 중앙에 각각 의도적으로 배치되었고, 그곳에서 신라의 통합과 영속을 상징하는 국가의례가 거행되었다.[28] 따라서 사비시대를 대표하는 가장 핵심적인 국가사찰인 정림사 또한 사비도성 건립 당초부터 도성의 중앙이라는 상징적 공간에 의도적으로 배치되었을 가능성이 충분히 있다. 정림사는 그 입지조건으로 볼 때, 사비도성 경계지점에 세워졌던 "능사(陵寺)"와 함께 백제를 상징하는 국가사찰의 면모를 확실히 지니고 있다.

한편 궁남지가 사비도성 5부(部)의 초입이라면, 정림사나 미륵사의 장엄방식, 왕궁의 장엄방식, 그리고 도성의 장엄방식 사이에 공통점이 추출된다. 정림사는 '연지(蓮池)'를 지나 부처의 세계로 들어가며, 이는 미륵사도 마찬가지다. 또 관북리 유적의 '연지(蓮池)' 역시 왕궁으로 들어가는 초입에 축조된 관상용 연못이라고 할 수 있다. 따라서 궁남지(연지)를 거쳐 궁남로(남북대로)를 지나 왕궁에 이르는 도성의 전체 공간구성은 도성의 핵심공간인 정림사나 왕궁의 공간을 확대한 셈이 된다. 정림사(종교의 중심), 왕궁(정치의 중심)이 소우주라면, 도성은 그것을 포섭하고 있는 대우주, 곧 백제를 상징한다.

2. 우이(嵎夷)와 신구(神丘)

사비도성의 백제 왕권을 천하의 중심으로 자리매김하는 또 다른 장치가 사비도성의 외곽에도 설치되어 있었다. 우선 백제 전역을 5개로 구분한 5방(方)의 제도가 그 중의 하나이다. 백제의 5방제(方制)가 비록 군관구적(軍管區的)인 성격이 짙다고 하더라도,[29] 사비도성을 중심에 두고 전국을 사방(四方)으로 구분한 백제의 '천하관(天下觀)'이 일정하게 투영된 것이라는 점은 부정할 수 없다.[30]

그런데 백제에서는 이러한 5방 외에도 지배층이 거주하는 사비도성을 천하의 중심으로 자리매김하는 또 다른 무대장치가 있었다. 이와 관련하여 관북리 286번 부찰형목간이 주목된다. 앞서 살펴본 종이두루마리 문서의 표지용으로 사용된 관북리 285번 목간 외에도 관북리유적의 연지에서는 그것과 형태가 유사한 부찰형목간이 서너 개 더 출토되었다.

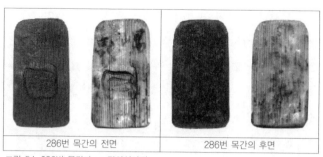

| 286번 목간의 전면 | 286번 목간의 후면 |

그림 54. 286번 목간과 그 적외선사진

지금부터 검토할 286번, 287번, 289번 목간이 바로 그것이다. 그러나 285번 목간을 제외하면 나머지 목간들은 묵서의 상태가 좋지 않아 판독이 어렵다. 아래 286번 목간은 다행히도 전면의 묵서는 읽을 수 있다. 286번 목간의 묵서에 대한 필자의 판독안을 소개하면 다음과 같다.

〈관북리 286번 목간〉

(전면) 嵎夷 □(烙印)

(후면) 묵서가 있으나 판독불능 (9.3×4.8×0.7㎝)

286번 목간은 2001년 이후 부문연(扶文研)에서 연지의 서쪽편을 새롭게 발굴할 때 출토되었는데,[31] 파손되지 않은 완형이다. 상단부는 타원형이고, 상단부 중앙에 부찰임을 알 수 있는 구멍이 있다. 하단부에도 약간 모를 죽였다. 한편 287번 목간은 묵흔을 판독할 수 없지만, 286번과 크기(10×5.4×0.8㎝)와 형태가 거의 똑같아, 서로 동일한 용도의 목간이라고 생각된다. 한편 이 두 목간은 앞서 검토한 285번 목간보다 두께가 다소 두꺼워졌지만, 형태는 서로 유사하며, 모두 다 공들여 만든 부찰형목간이라는 것을 쉽게 알 수 있다.

그런데 286번 목간의 전면에는 상단에 꽉 차게 두 글자가

286번 목간 전면 두번째자	이(夷)의 이체자(異體字) 사례

그림 55. 286번 전면 두 번째 글자와 '夷'의 이체자

대자(大字)로 기록되어 있는데, 그 아래 하단에는 묵서가 아닌 특별한 문양(또는 글자)의 '낙인(烙印)'이 찍혀 있다. 이로 볼 때 전면의 두 글자는 독립적인 의미를 갖고 있는 어휘가 분명하다고 생각된다. 이 두 글자 중 첫 번째 자는 '우(嵎)'가 틀림없으며, 두 번째 글자는 판독이 어렵지만, 위 〈그림 55〉에서 제시한 '이(夷)'의 이체자(異體字)와 유사하다고 생각된다.[32]

이 경우 '우이(嵎夷)'는 '우이도행군총관(嵎夷道行軍總管)', '신구도행군총관(神丘道行軍總管)' 등 백제를 침공한 나당연합군(羅唐聯合軍)의 군단명칭(軍團名稱) 속에 보이며, 또 취리산회맹(就利山會盟) 후 웅진도독(熊津都督)인 부여융(夫餘隆)이 관할했던,[33] 도독부(都督府) 하의 13개 현 중 첫머리에 기록된 '우이현(嵎夷縣)'과 '신구현(神丘縣)'이라는 지명들 속에서, 그 실체를 확인할 수 있다.[34]

'우이(嵎夷)'라는 지명 아래에 커다란 '낙인(烙印)'을 찍은 관북리 286번 목간은 도대체 어떤 용도로 사용되었던 것일까? 이와 관련하여 비록 후대 자

그림 56. 조선시대의 각종 호패

료지만 286번 목간과 형태가 유사하고 더욱이 낙인까지도 찍혀있는 조선시대의 "호패(號牌)"가 주목된다.

조선시대의 호패는 개인이 만들며 자신의 인적사항을 기록해 해당관

청에 납부하면, 관청에서 낙인(烙印)을 찍어 돌려준다. 위 〈그림 55〉의 좌에서 네 번째 호패와 우에서 첫 번째 호패의 하단에 시커먼 부분이 바로 낙인이다. 다른 호패들도 그 뒷면에 낙인이 있다. 이때 낙인은 관청에서 호패의 내용을 보증한다는 의미를 담고 있다.

그런데 조선시대에는 이러한 호패 외에도 한성부나 경기감영 등 외부 여러 관청 소속 관인들의 원활한 궁궐출입을 위해 중앙에서 만들어 배포했던 부신용패찰(符信用牌札)인 '신부(信符)'에도 낙인을 찍었다. 이 궁궐출입용 신부(信符)의 모양은 네모난 것, 둥근 것 등 다양하며, 매년 바꾸었다. 궁궐의 입직(入直) 당상관이 매년 통상적인 정수(定數)에 의하여 직접 감독하여 낙인한 후, 궁 밖의 각 관청에 나누어 주었다. 크기는 3촌 내지 4촌 정도였다. 이 신부(信符)의 전면에는 전자(篆字)로 '신부(信符)'라는 글자와 그 해의 '간지(干支)'를 낙인하며, 후면에는 '관청이름'을 새겼다.[35]

이러한 낙인이 있는 조선시대의 궁궐출입용 신부(信符)의 사례로 볼 때, '우이(嵎夷)'라는 지명 아래에 '낙인(烙印)'을 찍은 관북리 286번 목간도 그와 동일한 용도로 사용된 궁궐출입을 위한 부신용 목간이 아닐까 생각된다.

결국 목간의 형태와 낙인, 그리고 목간의 출토지점 등에 주목할 때, 관북리 286번 목간은 사비왕궁에서 '우이(嵎夷)'라는 지방관청에 사비도성의 궁궐출입용으로 나누어주었던 신부(信符)였다고 추정된다. 조선시대의 신부(信符)가 매년 바뀌었듯이, 이 백제의 신부(信符)도 용도가 다해 폐기된 것이라고 생각된다.

한편 기존의 연구에서는 도독부 하의 우이현(嵎夷縣)을 백제의 지명으로 이해하지 않았다. 대체로 당의 1도독부(都督府) 7주(州) 51현(縣)의 지명들이, 신라가 통일이후 백제고지(百濟故地)에 실시한 군현명과 서로 연결되지 않고 있는 점에 기초하여, 1도독부 7주 51현의 명칭을 당이 만든 지명으로 이해하였다. 오히려 역으로 신라는 이러한 당이 만든 지명을 폐기하였고, 이는 백제유민을 포섭하기 위해 고래(古來)의 백제 지명을 충실히 계승하였기 때문이라고 해석하고 있다.[36]

그러나 이러한 추론을 하기 위해서는 백제가 멸망하기 이전에 사용했던 지명을 먼저 확정하고, 그 속에서 어떠한 것들이 사라졌고, 신라가 어떠한 지명을 계승했는지 그것을 명확하게 구분할 필요가 있었다. 더욱이 이 연구에서는 작업의 기초자료가 되는 백제의 지명을 단지 통일기 이후의 신라측 군현자료에만 의존하여 해석하고 있는데, 이는 큰 문제가 아닐 수 없다.

기존의 견해는 『삼국사기』에 보이는 '풍달군(風達郡)'이나, 「사택지적비(砂宅智積碑)」에 보이는 '나기성(奈祇城)', 그리고 백제의 왕후제(王侯制) 작호(爵號)에 보이는 여러 지명들처럼, 백제 멸망 전 국가의 근간이 되었던 지명들이 통일기 이후 신라의 군현명칭에서 사라진 것에 대해 전혀 주목하지 않았다.

앞서 검토한 궁남지 315번 목간에 기록된 '매라성(邁羅城)'으로도 분명히 알 수 있지만, 도독부 하의 군현명에도 그 이전에 백제에서 사용했던 지명이 그대로 계승되고 있었다. 오히려 백제의 왕후제에 보이는 지명이나 나기성, 풍달군, 흑치 등과 같이 백제의 최고지배층과 관련된 우월했던 지명들이 통일기 신라의 군현명 속에서는 하나도 찾아볼 수 없다. 필자는 이들 지명 모두 신라가 의도적으로 없애버렸다고 생각하고 있으며, 이는 앞으로 백제의 지명이 기록된 문자자료가 증가하면 할수록 더욱 분명해질 것이다.

백제의 200~250성(城)은 신라에서 104현(縣)으로 축소되었다. 이러한 성수(城數)의 축소는 신라가 작은 성(城)들의 통폐합을 통해 현(縣)을 만들었기 때문이라고 일단 이해한다고 하더라도, 백제지배층과 관련된 우월했던 지명들이 현명(縣名)으로 대표되지 못하고, 신라 통일기 이후 사라졌다는 것은 백제의 재래 지역질서를 흐트러트리는 가운데 신라의 백제고지 지배가 확립되어갔음을 의미하는 것이라고 생각된다.

이러한 점에서 당의 1도독부 7주 51현은 오히려 백제 재래의 지역질서를 담고 있다고 생각된다. 부여융(夫餘隆)을 도독으로 파견하고 있는 상황이 잘 말해주고 있지만, 당은 백제의 재래질서를 작동시켜 신라에 대항케 하였다고 보는 것이 오히려 더 합리적이라고 생각된다. 앞서 286번 목간 전면의 묵서를 우이(嵎夷)로 읽을 수 있다면, 도독부 하의 우이현(嵎夷縣)도 백제에서 작명한 것이 분명해지지만, 필자의 판독만으로는 확언할 수 없다. 그러나 286번 목간의 판독과 관계없이 우이와 신구(神丘)는 백제의 지명이 분명하다.

첫째, 수·당의 고구려 정복군단 명칭이 모두 고구려지역과 일정한 관련이 있는 지명이라는 점에서, 백제를 정복하기 위해 편성된 신구도(神丘道)와 우이도(嵎夷道) 역시 백제와 관련된 지명을 사용하여 작명한 것일 가능성이 매우 높다.

둘째, '우이(嵎夷)'의 원래 뜻은 '해가 뜨는 동쪽 끝의 땅(東表之地)'을 가리키는 말인데,[37] 당에서 동쪽 백제로 진격했던 소정방(蘇定方)이 우이도총관에 임명되지 않고, 오히려 백제의 동쪽을 공격한 신라왕이 우이도총관에 임명된 것을 보면, 이 우이가 당을 중심에 둔 방위체계(方位體系)에서 작명된 것이 아니라, 백제를 중심에 두고 작명된 것이라는 점을 분명히 알 수 있다. 따라서 이 지명들은 백제가 만든 것이라고 생각된다.

도독부 하에 우이현과 신구현이 첫머리에 기록되어 있다는 점에서 이 현들은 사비도성 바로 인근에 있었다고 생각된다.[38] 신라군을 이끈 김춘추(金春秋)가 '우이도'로, 당군을 이끈 소정방(蘇定方)이 '신구도'로 진격하여 이들이 결국 사비를 점령하였다는 점에서, 우이와 신구는 각각 사비도성의 동과 서에 위치하고 있었을 가능성이 매우 높다.

당나라가 이러한 '신구'와 '우이'로 백제 정복군단의 명칭을 삼았다는 것은 당시 이 지명들이 백제를 상징하는 이미지를 갖고 있었음을 말해준다. 사비도성을 좌우에서 분식(粉飾)하고 있던 신구와 우이는, 일단 우이가 해가 뜨는 동쪽의 끝을, 신구는 여러 뜻이 있지만, 사비도성의 서쪽에 위치하고 있었다는 점에서, 서왕모(西王母)가 사는 곤륜산(崑崙山)을 비유한 사례가 주목된다.[39]

이러한 추론이 허락된다면, 우이와 신구는 백제영토의 일부에 국한된 단순한 지명이 아니다. 백제왕권이 사비도성의 동서에 각각 신구와 우이를 의도적으로 배치하여, 이를 통해 사비도성을 천하를 통섭하는 세계의 중심공간으로 표상하려 한 특별행정구역이라고 생각된다. 그렇기 때문에 반대로 당은 이러한 성격의 신구성과 우이성을 백제침공로의 군단명칭으로 삼아, 이에 대한 점령이 곧 백제 전체를 장악하는 것이라는 이미지 효과를 노렸다고 볼 수 있다.

이러한 점에서 『삼국사기』 지리지의 백제지명은 백제 최말기의 상황을 그대로 전하는 것은 아니라고 생각되며, 신라 통일이후 백제의 지역지배질서에 큰 변화가 일어난 후의 상황을 담고 있다고 생각된다. 백제의 핵심적인 지명들이 신라에 의해 멸절(滅絶)되었다는 필자의 추론이 틀리지 않았다면, 오히려 그렇게 멸절된 지명들에 주목하여 백제의 지방행정이나 신라의 백제고지 지배방식을 논해야 한다고 생각된다.

우이와 신구로 대표되는 백제 사비도성과 그 주변 지역의 공간편성방식은 추후 더욱 세밀한 검토가 필요한 중요한 주제라고 생각된다. 사비도성을 동서에서 수식했던 우이와 신구는 그 작명 속에 분명히 도교적인, 신비주의적인 세계관이 깃들여있다. 이러한 공간편성방식은 이 시기 백제가 사비도성을 천하의 중심으로 연출하기 위해 진행했던 일련의 작업들, 예를 들어 신선사상(神仙思想)에 바탕을 둔 사비도성 주변의 삼산(三山) 배치, 그리고 그곳 삼산에 신인(神人)이 살면서 서로 왕래하였다는 내러티브(narrative),[40] 백제의 사방계산(四方界山)과 오악(五

嶽)의 성립,[41] 방장선산(方丈仙山)을 모방한 궁남지 건설,[42] 오제(五帝)에 대한 제사체계의 성립[43] 등과 맥락이 닿아있음이 분명하다. 이러한 작업은 궁극적으로 신비주의를 통한 백제왕권의 절대화를 지향하였다고 생각된다.

3. 서부후항(西部後巷)의 '귀인(歸人)'

사비도성의 내부에도 우이(嵎夷)나 신구(神丘)처럼 백제왕권의 위엄과 중심성을 표상했던 특수 행정구역이 존재하였다. 앞서 검토하였던 궁남지 315번 목간에서 그러한 점을 확인할 수 있다. 이제부터는 이 목간의 '귀인(歸人)'과 '부이(部夷)'라는 묵서내용을 집중적으로 분석하여, 사비도성 내외의 공간편성이 서로 조응하고 있었음을 설명해보려고 한다. 논의의 편의를 위해 앞서 검토한 궁남지 315번 목간의 판독문을 다시 소개한다.

〈궁남지 315번 목간의 판독안〉

(전면) ·西十丁 • ㄱ夷

(후면) ·西ㄱ後巷 巳達巳斯丁 依活△△△丁
　　　　歸人中口四 小口二 邁羅城法利源水田五形

앞에서 언급하였지만, 이 목간의 후면에는 서부후항에 사는 사달사사

(巳達巳斯), 의활△△△(依活△△△) 등 '정(丁)' 2명과 그 외 '중구(中口)' 4명, '소구(小口)' 2명이 집계되어 있다. 정(丁), 중(中), 소(小)의 연령등급제를 염두에 둔다면, 이들 8명은 단일한 호(戶)를 구성한 사람들로 생각되며, 귀인(歸人)은 이들 전체에 해당되는 신분표시라고 생각된다.

또 '매라성법리원수전오형(邁羅城法利源水田五形)'은 이 호의 재산관련 기록으로서 호에게 주어진 경작지와 그 소재지를 표시한 것으로 생각된다. 매라성(邁羅城)은 사비도성에 설치된 도독부 소속 13현 중의 하나이고, 사비도성의 서부후항에 거주한 이들이 매라성의 토지를 경작하였다는 점에서, 매라성은 사비도성 인근에 위치해있었다고 생각된다.

이러한 추론이 허락된다면 전면의 묵서도 어느 정도 해석이 가능하다. 전면의 묵서를 '서십, 정, 부이(西十, 丁, 刀夷)'로 끊어 읽으면, 후면의 묵서내용과 서로 조응하고 있다는 점을 쉽게 발견할 수 있다. 즉 전면의 '西'는 후면의 '西部', 전면의 '丁'은 후면의 '丁 2인', 전면의 '部夷'는 이를 '부(部)'에 거주하는 이(夷)'로 해석할 수 있다면, 후면의 '歸人', 즉 '귀화(歸化)한 이인(夷人)'에 조응하고 있다고 볼 수 있다.[44] 따라서 전면의 묵서는 후면의 묵서를 압축적으로 표현한 표지였다고 생각된다. 이러한 추론이 허락된다면, 남겨놓은 전면 맨 앞의 '西' 다음의 '十'은 해석이 어렵지만, 다음과 같은 추론도 가능하다.

우선 이 목간에는 구멍이 뚫어져 있는데, 이러한 형태는 부찰형목간

의 특징이지만, 묵서내용상 휴대용이나 꼬리표목간으로 보기가 매우
어렵다. 그런데 목간의 구멍은 휴대용이나 꼬리표목간만의 고유한 특
징은 아니다. 일본의 '나가야왕가목간(長屋王家木簡)' 중에도 문서목간
에 구멍을 뚫어놓은 것이 다수 발견되었다. 이는 문서목간을 철(綴)하
기 위한 것으로 이해되고 있다.[45]

궁남지목간도 매우 정교하게 다듬어져 있다는 점에서 임시적인 메모
라기보다는 이러한 형식의 여러 목간들을 철하여 그것만으로 새로운
장부를 구성하기 위해 제작하였을 가능성이 매우 높다. 이 경우 '十'은
그러한 문서목간들의 순서와 관련된 일련번호는 아니었을까!!! 앞서 이
궁남지 목간은 백제호적에서 발췌되었을 가능성이 상정되었는데, '西
十'은 '서(西)'부 호적에서 발췌된 '열(十)'번째 목간을 지칭하는 간략
한 표현일 수도 있겠다.

목간의 구멍은 그러한 발췌목간들을 순서대로 철(綴)하기 위한 장치
로 보인다. 이 철해진 목간들은 특별한 용도로 발췌되어 새로운 장부로
기능했을 것으로 생각된다. 목간은 두루마리 문서에서 필요한 부분만
을 발췌하여 그것만으로 새로운 문서목간을 구성할 수 있다. 목간은 이
러한 장점이 있기 때문에 발췌용 목간으로 널리 사용되었다.

지금까지의 추론이 허락된다면, 이 목간 전면의 부이(部夷)를 후면의
귀인(歸人)과 조응되는 관계로 이해한,[46] 기존의 견해는 타당하다고 생
각된다. 필자 역시 이 목간의 '귀인(歸人)'은 번이(蕃夷)에서 중화(中華)
로 귀화(歸化)한 사람, 즉 '귀화인(歸化人)'과 동일한 뜻으로 사용된 백

제의 어휘였다고 생각된다.

더욱이 당령(唐令)의 경우 귀화인은 호적에 일차적으로 '귀화인' 신분으로 등재된 뒤, 급복기간(給復期間, 면세기간)이 지난 뒤라야 공민(公民)이 된다. 그 이전까지는 어디까지나 이인(夷人)이었다.[47] 그런데 이 궁남지목간에서도 '귀인(歸人)'을 '부이(部夷)' 즉 도성의 부(部)에 거주하는 이인(夷人)으로 표현하고 있어, 당령(唐令)의 조문과 조응하고 있다. 당시 백제에 당의 정중제와 마찬가지로 귀화인제도도 수용되어 있었음을 확인할 수 있다. 이러한 필자의 해석이 옳다면 7세기 백제에는 자신을 중화(中華)로, 주변국을 번이(蕃夷)로 인식하는 중화사상(中華思想)이 존재하였다고 생각된다.

최근 7세기 말 백제패망이후 일본으로 망명한 백제왕씨(百濟王氏)나 백제귀족들이 일본 대보령(大寶令)의 제국적(帝國的) 세계관 확립에 깊이 관여하였을 가능성이 제기되고 있다. 즉 백제를 고대일본의 번국(蕃國)으로 위치시키고, 동시에 고대일본의 변경에 거주하였던 에미시[蝦夷]나 하야토[隼人] 등을 이적(夷狄)으로 차별화하였던, 고대일본의 중화의식(中華意識)이 백제계 귀화인들에 의해 고안, 도입되었다는 것이다.[48]

백제인들이 『니혼쇼키[日本書紀]』 편찬시에 제출한 '백제삼서(百濟三書)'를 보면, 일본천황(日本天皇)에 대한 백제왕의 신종(臣從)을 의도적으로 강조하고 있으며, 탐미다례(현 제주도)를 "남만(南蠻)"으로, 역대백제왕이 일본천황에 대해 스스로를 "서번(西蕃)"으로 비칭(卑稱)하는 등 백제인이 만든 자료 속에서 중화사상(中華思想)에 기초한 이적(夷狄), 제번(諸蕃) 등의 의도적인 화이(華夷) 구분 의식이 확인된다는 점이 주요 근거로 제시되었다.

궁남지목간의 '귀인(歸人)', '부이(部夷)' 등의 표현으로 볼 때도, 이러한 주장은 설득력이 있다고 생각된다. 이와 관련하여 『수서(隋書)』에 백제에 중국인(中國人), 고구려인(高句麗人), 신라인(新羅人), 왜인(倭人) 등이 거주하고 있다고 특별히 언급된 사실이 주목된다. 이들 백제에 거주하고 있는 주변국인들이 백제지배층에 의해 '귀인(歸人)', 또는 '부이(部夷)'로 명명되었을 가능성은 충분히 있다고 생각된다.

이와 관련하여 북위(北魏)의 수도인 낙양(洛陽)에 사이(四夷) 귀화인의 거주지가 별도로 설정되어 있었던 점이 주목된다. 당시 낙양에는 오로지 외국인만이 거류하는 계획된 특수한 행정구역이 있었다. 우선 낙수(洛水)의 이남에 금릉관(金陵館), 연연관(燕然館), 부상관(扶桑館), 엄자관(崦嵫館)의 사관(四館)이 있었는데, 이를 사이관(四夷館)이라 칭하였다. 또 그 서쪽에는 귀정리(歸正里), 귀덕리(歸德里), 모화리(慕化里), 모의리(慕義里)라는 4리(里)가 있어, 사이리(四夷里)라고 칭하였다.

외국인이 처음 낙양에 이르러 반드시 먼저 사이관(四夷館)에서 삼년을 살아야 사이리(四夷里)에 들어가 살 수 있었다. 예를 들어 남조인(南朝人)이 귀화하고자 하면 금릉관에 거하고 3년이 지난 뒤 귀정리에, 동이(東夷)는 부상관에서 모화리로 옮겨 산다.[49] 남조의 수도였던 건강(建康)에도 육관(六館)이 있어 사방(四方)의 사신(使臣)을 접대하였다. 이 중

현인관(顯仁館)은 고구려, 집아관(集雅館)은 백제의 사신이 거하였다.[50]

백제 역시 궁남지목간의 '부이(部夷)'라는 표현으로 볼 때, 북위가 낙양에 사이(四夷)의 귀화인이 거주하는 특별한 공간을 설정하였던 것처럼, 사비도성에 신라, 고구려, 왜, 중국 등에서 귀화해온 사람들을 집단으로 거주시켰을 가능성이 충분히 예상된다. 궁남지목간에 기록된 '서부후항(西部後巷)'이 바로 그러한 공간 중의 하나일 수 있다. 이들 부이(部夷)들은 그 명칭으로 볼 때 백제의 하정례(賀正禮)에 동원되어 백제왕권의 위엄과 중심성을 드러내는 수단으로 이용되었을 것으로 생각된다.

이처럼 사비도성 내부에 '부이(部夷)'가 거주하였다는 사실은 탐미타례(현 제주도)를 '남만(南蠻)'으로 부르고, 사비도성의 좌우에 '우이(嵎夷)'와 '신구(神丘)'라는 지명을 의도적으로 배치하였던 사실과 절묘하게 조응한다.

그러나 남만(南蠻), 부이(部夷)를 거느리고, 우이(嵎夷)와 신구(神丘)의 중심에 섰던 백제왕권은 얼마 있지 않아 허망하게도 나당연합군의 말발굽 아래에 짓밟히고 만다. 우이도총관 김춘추는 소정방 등 당의 장군들과 대청 위에 앉고 의자왕과 그 아들들은 마루 아래 두고 때때로 의자왕을 시켜 단상 위의 장군들께 술을 따르게 했다. 이 지점에서 필자는 백제멸망의 원인을 다시 한 번 곱씹지 않을 수 없었다.

맺음말
– 백제멸망의 원인 –

　지금까지 백제목간을 분석하여, 사비도성 내외의 공간편성방식을 이해하여 보았다. 우선 사비나성의 제3문지 바깥에서 발굴된 능산리목간의 용도와 작성주체를 목간출토지점이 사비도성의 경계(境界)였다는 점에 유념하여 검토하여 보았다.

　능산리목간으로 볼 때, 사비도성의 경계에는 독특한 경관(景觀)이 연출되어 있었다. 도성의 입구에는 왕권을 수호하는 거대한 나성과 국가사찰과 왕실의 능원이 건립되었고, 또 역병(疫病) 등 도성으로 들어올 수 있는 부정(不淨)을 막기 위해 정기적으로 도신(道神)인 '남근(男根)'을 일으켜 세웠다. 결국 능산리 목간출토지점은 일상적 공간이라기보다는 항상적으로 의례가 열릴 수 있는, 상징적 공간으로 바라볼 필요가 있다.

　도성의 경계에 연출된 '나성(羅城)'과 '국가사찰(國家寺刹)'과 '도제(道祭)'를 통해, 사비도성은 지방과 격절(隔絕)된 신성(神聖)한 공간으로 거듭나게 된다. 사비도성은 경계지점의 이러한 독특한 비일상적(非日常

的) 경관(景觀)을 통해, 비로소 도성인과 지방인 모두가 느끼고 의식하는 중심의 장(場)으로 승화되었다.

백제의 국가권력이 자신의 중심성을 표현하기 위해 의도적으로 가설한 상징적 무대장치들은 도성의 경계지점에만 있었던 것은 아니다. 필자는 관북리목간과 궁남지목간 등을 기초로 하여, 사비도성의 동서에 위치해있었던 '우이(嵎夷)'와 '신구(神丘)', 그리고 도성 내부에 존재했던 '부이(部夷)'로 불렸던 귀화인의 집단거주지 등을 상상하여 보았다.

사비도성을 내외에서 분식한 이러한 특수한 공간의 작명 속에는 분명 도교적인, 신비주의적 세계관이 깃들여있다. 또한 이러한 공간편성방식에는 이 시기 백제가 사비도성을 천하의 중심으로 연출하기 위해 진행했던 화이관(華夷觀)에 입각한 백제의 천하관도 확인된다. 이러한 작업들은 궁극적으로 신비주의를 통한 백제왕권의 절대화를 지향하였다고 생각된다.

목간자료를 토대로 백제 사비도성 내외의 공간편제를 검토하면서, 필자는 백제왕실이 만들려는 현실(現實)의 질서(秩序) 속에 도교적 사유가 깊이 뿌리내려 있었음을 확인할 수 있었다. 백제지배층이 꿈꿨던 "신인(神人)이 살고 있는 사비도성(泗沘都城)"은 그들이 희구했던 불로장생의 도교적 세계였고, 현생에서는 세계의 중심, 최고의 문명처였다.

김유신은 백제의 멸망원인을 백제의 '오만(傲慢)'에서 찾았다. 필자는 『삼국사기』 김유신열전에서 이 대목을 읽을 때마다 이 '오만'이 도대체 무엇인가 곰곰이 생각했었다. 백제목간을 일독한 지금, 문득 이 '신인

(神人)'이 살고 있다는 '사비도성'이야말로 바로 김유신이 느꼈던 백제의 오만이 아니었을까 하는 생각이 든다.

나당연합군보다 힘이 약해 백제가 멸망했다거나, 나당연합의 국제정세를 제대로 파악하지 못해 백제가 멸망했다는 말은 일견 타당하지만, 궁극적으로 백제가 왜 그렇게 밖에 대처하지 못하였는가에 대한 속 시원한 답은 아니다. 앞서 분석한 목간자료로 볼 때 백제는 분명 김유신이 말했던 것처럼 스스로의 '오만'으로, 아니 백제의 입장에서는 '자부심' 때문에, 무너져 내렸다고 생각된다.

548년 양(梁)의 수도 건강(建康 지금의 남경)은 후경(侯景)의 반란으로 불타버렸고, 무제(武帝)는 후경에 의해 유폐당한 뒤 죽고 만다. 이듬해 이런 사실을 몰랐던 백제의 사절단이 양의 수도에 이르러, 이 처참한 상황을 목도하고는 눈물을 흘리며 통곡을 하였다. 반역자 후경은 대노(大怒)하여 백제의 사절단을 잡아 가두었고, 이들은 후경의 난이 평정된 뒤에야 겨우 백제로 살아 돌아올 수 있었다.

『양서(梁書)』에 전하는 이 삽화(揷話)는 백제의 사절단이 단순히 중국의 눈치를 보면서 세(勢)의 유불리를 따지며 잔머리를 굴리는 조공객들이 아니었음을 보여준다. 그들의 눈물 속에는 명분을 위해서는 죽음도 불사하는 '문명인(文明人)'의 자부심이 묻어난다. 패악 무도한 후경에게 굴복하지 않은 백제 사신의 통곡은 양(梁)의 지식인들을 감동시켰고, 이 삽화는 그래서 남게 되었다. 이 백제의 양심은 단지 사서(史書)에서 읽었던 올곧은 선비를 흉내 낸 것에 불과한 것일 수도 있다. 그러

나 그러한 가식(假飾)도 중국 귀족문화에 대한 백제 귀족의 오랜 답습
과 온축(蘊蓄)이 없었다면 나타날 수 없었다.

백제에서는 귀족의 개인용 변기인 '호자(虎子)'가 한성 시기부터 확인
되며, 웅진·사비 시기에는 더 많은 예들이 발굴되었다. 최근에는 '차
(茶)' 문화도 한성 시기부터 수용되었을 가능성이 제기되고 있다. 서예
가로 유명한 소자운(蕭子雲)의 글씨를 양(梁)에 간 백제 사신이 금화(金
貨) 수백만(數百萬)을 주고 얻어왔다는 『남사(南史)』에 전하는 일화도
당시 백제 지배층이 중국 귀족의 라이프스타일을 얼마나 동경하였고,
그 문화에 얼마나 심취해 있었는지를 잘 보여준다. 양(梁)의 무덤양식
을 그대로 베낀 무령왕릉은 또 어떠한가!!!

이처럼 웅진·사비시기 백제지배층은 일상의 삶에서 죽음까지 중국
의 그것과 하나도 차이가 나지 않게 보이도록 노력하였다. 백제는 한성
기부터 중국문화를 적극적으로 수용하였고, 웅진기에 와서는 자신들을
중국에 결코 뒤지지 않는 '소중화(小中華)'의 문명인으로 자부할 수 있
게 되었다. 중국의 척도제와 연령등급제가 큰 시차 없이 백제에 그대로
수용되고 실시된 것도 그 한 예이다.

종국(終局)에 백제는 남북조의 분열로 야기된 새로운 동아시아 세계질
서 속에서 남만(南蠻)인 탐라와 주변의 약소 부용국(附庸國) 등을 거느
린 또 하나의 '중화(中華)'로 자신들을 분식(粉飾)하기에 이른다. 앞서
백제목간을 통해 드러난 사실이지만, 백제지배층이 사비도성의 내외에
왕권을 드높이기 위한 특수한 공간을 의도적으로 설정하고, 백제를 천

하의 중심으로 표상하려 하였던 점이 이를 잘 말해준다.

"백제는 만월(滿月), 신라는 신월(新月)"이라는 백제멸망 직전의 유언비어는 다중적인 함의(含意)를 지니고 있지만, 그 무엇보다도 자신들이 만월로 상징되는 문명의 최고점에 도달했다고 느꼈던 백제 지배층의 일그러진 오만을 조롱한 것이라고 생각된다.

웅진으로 쫓겨 왔으면서도 백제는 동맹국 신라를 야만으로 무시했다. 『양서(梁書)』와 「양직공도(梁職貢圖)」로 알 수 있지만, 백제는 신라를 글도 제대로 모르는 문맹(文盲)의 나라로 중국에 소개하였고, 자신들이 거느린 소국(小國)의 하나로 자랑했다. 그러나 신라는 백제를 대국으로 생각했지만, 그들에게 통제된 적이 없었던 야수였다. 관산성 전투에서 신라의 습격을 받아 사로잡힌 백제의 성왕은 일국의 왕이 신라의 노(奴)에게 죽을 수는 없다며 신분에 합당한 처형을 요구했지만, 그의 잘린 머리는 오히려 신라의 북청(北廳) 계단에 묻혀 영혼마저도 짓밟히고 말았다.

백제는 어느 나라에도 손색이 없는 문명국으로 자부했기 때문에, 결국 물불을 가리지 않고 덤비는 야만적인 신라를 이길 수 없었다. 신라가 자신들의 옷과 자존심을 벗어던지고, 당(唐)의 복장으로 갈아입고, 천자의 연호(年號)를 자발적으로 받아들일 때에도, 백제는 신라보다 더 자주 당에 찾아가서 조공하는 '착한 이웃'임을 당에게 인식시키는 것으로 충분하다고 생각하였다. 거짓말만 하는 신라의 험담에 귀 기울이지 말고 백제의 충심을 알아주길 빌었다. 그러나 중화(中華)는 사이(四

夷)의 굴복을 원했지, 자신들과 어깨를 견주는 문명화된 소중화(小中華)를 바라지는 않았다.

당 태종은 『수서(隋書)』를 만들면서 수와 고구려 사이에서 백제가 수를 위하는 척하면서 이중 플레이를 했다고 기록하였고, 그의 아들 이태(李泰)도 『괄지지(括地志)』에서 백제가 천자의 연호를 사용하지 않고 갑자(甲子)만을 사용하였던 점과 오악(五嶽)의 설정 및 천(天)과 오제(五帝) 등에 대해 참람(僭濫)된 제사의례를 행했던 사실에 특별히 주목하였다. 그런데도 이러한 당의 지적에 백제의 왕은 어떠한 제스처도 취하지 않았다.

생물학자들은 과도한 전문화는 한 종을 멸망케 하는 중요한 요인들 중의 하나라고 말한다. 한 종이 특정한 형태의 생태계에서 과도하게 전문화되면, 그 종은 환경의 변화에 적절하게 적응할 수 없게 된다. 전환에 필요한 융통성과 다양성을 갖추지 못하기 때문이다. 인간 사회에서도 마찬가지다.

백제는 남북조의 질서에 과도하게 전문화된 또 하나의 '소중화'였다. 백제는 문명국의 자부심으로 신라를 야만으로 대했고, 수·당에 대해서도 문화적으로 조금도 뒤떨어지지 않는다는 감출 수 없는 '오만'을 갖고 있었다. 이것이 백제가 신라보다 새로운 세계질서에 적응하여 융통성을 발휘하지 못한 원인이었다. 물론 이러한 백제 귀족의 문명적 자부심이 불교적 해탈을 꿈꾸게 했고, 신인(神人)이 되려는 '도교적 개인'을 탄생시켰지만, 사회적 통합과 공동체를 잃어버린 값비싼 성취였다.

또 그 수확도 신라의 몫이 되었다.

  백제의 멸망원인에 관한 필자의 짧은 단견이 이제 고대동아시아의 세계질서에 대한 탐구로 향하게 한다. 이 주제로 다시 독자들과 만날 것을 기약하며 글을 마치려 한다.

각주

목간 이해의 기초

1) 고대 로마에서도 서사재료로 방형의 절첩식 나무판(Tabula Codex)을 사용하였지만, 엄밀히 말하면 나무판에 밀랍을 발라 철필(鐵筆)로 필기를 하였다는 점에서 고대 동아시아의 목간과 다르다(鬼頭淸明, 1996, 「木簡と古代史」, 『木簡が語る古代史(上)』, 吉川弘文館, 4~6쪽).

2) 阿辻哲次, 2005, 「中國での文字の發生」, 『古代日本 文字の來た道』, 大修館書店

3) 冨谷至, 2003, 『木簡、竹簡の語る中國古代』, 岩波書店

4) 大庭脩, 1979, 『木簡』, 學生社, 17~20쪽

5) 冨谷至, 2003, 앞의 책, 1~16쪽

6) 鬼頭淸明, 1996, 앞의 논문, 12쪽

7) 죽간은 원칙적으로 앞면에만 서사한다. 이는 편철간의 형태와 관련된다. 끈으로 묶이면 뒷면에 서사하는 것은 의미가 없다(弥永貞三,

1976,「木簡」,『岩波講座 日本歷史』, 52쪽).

8) 東野治之, 1983,『日本古代木簡の硏究』, 塙書房, 6쪽

9)『三國遺事』권2, 紀異2 眞聖女大王 居陀知, ‘宜以木簡五十片書我輩名, 沈水而鬮之’

10) 윤선태, 2004a,「한국고대목간의 출토현황과 전망」,『한국의 고대 목간』, 국립창원문화재연구소

11) 今泉隆雄, 1980,「日本木簡硏究の現狀と課題」,『歷史學硏究』483

12) 沢田正昭, 1979,「木簡の保存」,『日本の美術』9, 89~92쪽

13) 平川南, 2002,「赤外線テレビカメラを使つて文字解讀」,『古代日本 文字のある風景』, 國立歷史民俗博物館

14) 국립창원문화재연구소에서는 이 책의 PDF파일도 홈페이지에 공개 하였다. 누구나 손쉽게 목간자료를 접할 수 있게 되었다는 점에서, 앞으로 많은 연구 성과가 나올 것으로 기대된다.

15) 이 목간의 용도에 대해 필자는 견해를 달리한다. 이에 대해서는 후 술한다.

16) 金永旭, 2003,「武寧王 誌石과 木簡 속의 百濟 詩歌」제28회 구결학 회 전국학술대회 발표요지문

17) 이 목간의 용도와 묵서의 해석에 대해서는 뒤에서 상세히 다룰 것 이다.

18) 金永旭, 2007,「古代 韓國木簡에 보이는 釋讀表記에 대하여」,『한국 고대목간과 고대 동아시아세계의 문화교류』한국목간학회 제1회

국제학술대회 발표논문집

19) 한편 김영욱 교수의 위 발표에 대해 당시 토론을 맡았던 권인한, 정
재영 교수는 돼지의 방언형으로 '도치'가 보고된 바가 없고, 또
'耳'의 당시 음가 등도 불확실하기 때문에, 쉽게 동의할 수 없다는
견해를 피력하였다(한국목간학회 제1회 국제학술대회 발표논문집
에 실린 두 분의 토론문을 참조바람).

20) 이성배, 2004, 「百濟書藝와 木簡의 書風」, 『百濟研究』40

고광의, 2007, 「6~7세기 新羅木簡 書體의 書藝史的 意義」, 『한국고
대목간과 고대 동아시아세계의 문화교류』한국목간학회 제1회 국
제학술대회 발표논문집

한국고대목간의 출토현황과 종류

1) 李基東, 1979, 「雁鴨池에서 出土된 新羅木簡에 대하여」, 『慶北史学』1;
1984, 『新羅骨品制社會와 花郎徒』, 일조각

2) 국립창원문화재연구소, 2006, 『함안 성산산성-11차 발굴조사 현장
설명회 자료』, 27쪽

3) 한국고대목간의 출토현황에 대해서는 기존에 이미 상세한 검토가 이
루어졌다. 李成市, 1997「韓国出土の木簡」, 『木簡研究』19; 2000, 「韓国
木簡研究의 現況과 咸安 城山山城出土의 木簡」, 『韓國古代史研究』19

등을 참조바람.

4) 윤선태, 2005, 「월성해자 출토 신라 문서목간」, 『역사와 현실』56

5) 윤선태, 1999, 「함안 성산산성 출토 신라목간의 용도」, 『진단학보』
88, 16쪽
이경섭, 2005, 「성산산성 출토 하찰목간의 제작지와 기능」, 『한국고
대사연구』37, 118~127쪽

6) 국립창원문화재연구소, 2006, 앞의 현장설명회 자료, 〈사진 22〉

7) 부찰목간의 종류와 용도에 대해서는 '목간의 형태별 분류와 용도별
분류'에서 상세히 다룬다.

8) 국립창원문화재연구소, 2006, 위의 현장설명회 자료, 〈사진 12〉각
종 목기류 중의 하나

9) 이 목제품의 용도에 대해 미카미 요시타카[三上喜孝] 선생님은 고대
일본에 이와 유사한 형태로 만든, '악기를 연주하는데 쓰였던 목제
품'이 있다고 지적해주셨다. 추후의 비교검토가 필요하다.

10) 제첨축은 卷軸의 한 종류로서, 전적이나 문서의 제목을 기록하기
위해 의도적으로 축의 머리 부분을 넓게 만든 권축을 말한다. 고대
사회에서 사용된 각종의 卷軸과 籤에 대해서는 후술한다.

11) 이경섭, 2006, 「함안 성산산성 출토 題籤軸에 대하여」, 『'목간(木
簡)'과 한국고대의 문자생활』한국역사연구회 기획발표회 발표논문
집.

12) 尹善泰, 2004b, 「扶餘 陵山里 出土 百濟木簡의 再檢討」, 『東國史學』40

平川南, 2005,「古代における道の祭祀—道祖神信仰の源流を求めて」,『やまなしの道祖神祭り』, 山梨縣博物館

13) 후술하겠지만 필자는 이를 기타형식의 목간으로 범주화했다.

14) 이기동, 1984,『신라 골품제사회와 화랑도』, 일조각, 394쪽

임기환, 1992,「彩篋塚出土木札」,『譯註韓國古代金石文』1, 447쪽

15) 류병흥, 1992,「고고학 분야에서 이룩한 성과」,『조선고고연구』83, 2쪽

16) 이기동, 1984, 앞의 책, 394쪽

임기환, 1992,「封泥銘」,『譯註韓國古代金石文』1, 321쪽

17) 뒤에서 자세히 살펴보겠지만 삭도로 목간의 묵서를 깎아낸 '목간부스러기'도 문자자료로서의 가치가 있다. 이를 중국학계에서는 '폐(柿)', 일본학계에서는 '삭설(削屑)'이라고 한다.

18) 李健茂, 1992,「茶戸里遺蹟 出土 붓(筆)에 대하여」,『考古學誌』4

19) 이성규, 2003,「한국 고대국가의 형성과 한자 수용」,『한국고대사연구』32

20) 宋基豪, 2002,「고대의 문자생활—비교와 시기구분」,『강좌 한국고대사』5, 가락국사적개발연구원, 19쪽에서는 省事가 들고 있는 문서를 나무판(목간) 또는 종이문서로 보았으나, 벽화에 묘사된 세부적 정황으로 볼 때, 편철간일 가능성이 매우 높다(고광의, 2004,「高句麗 古墳壁畵에 나타난 書寫 관련 내용 검토」,『韓國古代史研究』34).

21) 宋基豪, 2002, 앞의 논문, 20쪽

22) 梅原末治, 1950, 「韓國慶州皇福寺塔發見の舍利容器」, 『美術研究』156; 淺井和春, 「皇福寺跡三層石塔發見の二の金製佛像」, 『佛敎美術』188; 金禧庚, 2000, 「韓國의 舍利莊嚴」, 『佛舍利信仰과 그 莊嚴』, 通度寺聖寶博物館, 103쪽

23) 황수영, 1997, 「佛國寺三層石塔發見 無垢淨光大陀羅尼經」, 『佛國寺三層石塔 舍利具와 文武大王海中陵』, 한국정신문화연구원, 46~47쪽

24) 한편 황수영의 위 논문에는, 1942년 일본인 경주분관장 오사카 긴타로[大阪金太郎]를 보좌해 황복사 삼층석탑 내용물을 정리했던 昔炫이 당시를 회고한 내용이 채록되어 있다. "(전략) 석씨에게 명하여 흙과 먼지 등으로 가득한 사리방함의 청소를 지시하였다. (중략) 먼저 함안에 물을 넣어 청소 중 밑바닥에 있던 불순물이 떠올랐다. 그들을 건져보니 '竹片'으로서 상하에 '小孔'이 있고 표리에는 작은 '漢字墨書'가 있는 사실이 발견되었다. 이에 따라 이들 물 상면에 떠오른 죽편을 건지니 약 30편에 이르고 길이는 약 20cm 미만의 것이었다. (중략) 大阪씨는 이들을 모두 실로 연결하여 부채모양으로 만들어 앞뒤 양면으로 반전시키면서 자기에게 보이면서 자랑하더라." 이러한 석현의 회고로 볼 때, 이 죽편들은 편철죽간이 분명하다고 생각된다.

25) 윤선태, 2004a, 앞의 논문, 361쪽

26) 물론 이성산성에서 觚形式의 '高句麗木簡'이 출토되었다는 보고가

있었다(漢陽大學校博物館, 2000, 『二聖山城－8次發掘調查報告書』, 295~296쪽). 그러나 해당목간의 보고서 사진이 묵서를 거의 판독할 수 없을 정도로 좋지 않다. 공반된 다른 목간으로 볼 때 신라목간일 가능성이 높다. 이 글에서는 일단 이를 논외로 한다. 한편 필자의 책이 탈고된 후 「樂浪郡 初元四年 縣別戶口多少」를 기록한 편철목간이 북한 평양에서 출토된 사실을 알게 되었다(윤용구, 2007. 4. 14 「새로 발견된 樂浪木簡－樂浪郡 初元四年 縣別戶口 통계문서를 중심으로－」 한국고대사학회 제95회 월례발표회 발표요지문). 후일의 검토를 약속한다.

27) 월성해자나 안압지목간은 신라의 문자생활과 그 시기별 변화과정을 대비해볼 수 있는 중요한 지표유물이라는 점에서, '월성해자시대'와 '안압지시대'라는 새로운 문화사적 신라사 구분도 가능하다고 생각된다(윤선태, 2005, 앞의 논문, 119~120쪽).

28) 『고대목간』(국립창원문화재연구소, 2004), 152쪽의 148번 목간. 이하 이 글에서 사용하는 목간일련번호는 모두 『고대목간』의 일련번호를 따랐다. 이는 연구자 간의 의사소통이나 판독심화과정에 큰 도움이 될 수 있기 때문이다.

29) 錢存訓, 1990, 『中國古代書史』, 東文選, 115~118쪽
大庭脩 編著, 1998, 『木簡—古代からのメセージ』, 大修館書店, 32~33쪽

30) 錢存訓, 1990 앞의 책, 115쪽

31) 선문대 고고학연구소, 2005, 「인천 계양산성 동문지유적 보고회자료」(2005년 6월 27일, 문화재청 홈페이지)

32) 橋本繁, 2006, 「古代朝鮮における'論語'受容再論」韓國出土木簡の世界Ⅲ(早稻田大學 심포지움 발표문)

33) 이 글의 〈그림 16〉은 선문대 고고학연구소, 2005, 앞의 보고회자료에 첨부된 그림자료를 인용한 것이다.

34) 橋本繁, 2006, 앞의 발표문, 1~2쪽.
한편 이 글의 〈그림 18〉은 橋本繁, 위 발표문 〈자료 2〉의 〈그림 4〉와 〈그림 5〉를 인용한 것이다.

35) 橋本繁, 2004, 「金海出土'論語'木簡と新羅社會」, 『朝鮮學報』193
李均明, 2007, 「中韩简牍比较研究-从中国简牍的类别谈起」, 『한국고대목간과 고대 동아시아세계의 문화교류』 한국목간학회 제1회 국제학술대회 발표논문집

36) 李均明, 2007, 위의 논문, 188쪽.
이균명은 발표 후 있었던 종합토론에서 한국고대의 논어목간과 형태, 길이가 유사한 경전을 기록한 목간이 중국에서 출토된 바가 있다고 말했다. 앞으로 이에 대한 비교검토가 필요하다고 생각된다.

37) 윤선태, 2005, 앞의 논문, 129~133쪽

38) 윤선태, 2006, 「백제 사비도성과 嵎夷—목간으로 본 사비도성의 안과 밖」, 『東亞考古論壇』2

39) 大阪府立近つ飛鳥博物館, 1994, 『シルクロドのまもり—その埋もれ

た記錄』, 35쪽

40) 大庭脩, 1979, 앞의 책, 21~22쪽

41) 大阪府立近つ飛鳥博物館, 1994, 앞의 책, 107쪽

42) 현재 보고된 다면목간은 25점이다. 그런데 아직 정식으로 보고되지 않았지만, 창녕 화왕산성에서 신라목간이 3점 발견되었는데, 이 중에도 觚형식의 목간이 있다고 한다(국립창원문화재연구소, 2006, 『한국의 고대목간(개정판)』, 19쪽).

43) 경기도 하남 이성산성목간 역시 6~7세기로 추정되는 신라목간인데, 여기에도 觚형식 목간의 비중이 높다. 앞서의 〈표 1〉을 참조바람.

44) 이성규, 2003, 앞의 논문.

45) 윤선태, 2004a, 앞의 논문, 364~367쪽

46) 일본의 奈良國立文化財研究所가 채용한 목간의 형태분류 기준은 다음과 같다(弥永貞三, 1976, 「木簡」, 『岩波講座 日本歷史』25, 42~45쪽). 이러한 형태분류 기준에 따라 각각에 형식번호가 부여되었다. ①短册形, ②단책형의 측면에 구멍을 뚫은 것, ③단책형으로 추정될 수 있는 것, ④小形矩形의 것, ⑤소형구형의 재질의 일단을 圭頭로 한 것, ⑥장방형 재질의 양단 좌우에 홈을 파(切入部) 끈으로 묶을 수 있도록 만든 것(양단의 모양은 方頭, 규두 등 다양), ⑦장방형 재질의 일단 좌우에 切入部을 만든 것, ⑧장방형의 일단에 절입부를 만들고 타단을 尖形으로 뾰족하게 만든 것, ⑨장방형의 일단에 절

입부를 만들었으나, 타단은 절손이나 부식으로 불명인 것, ⑩장방
형 재질의 일단을 첨형으로 만든 것, ⑪장방형 재질의 일단을 첨형
으로 만들었으나, 타단은 절손 혹은 부식으로 불명인 것, ⑫용도가
명료한 목제품으로 묵서가 있는 것, ⑬용도가 미상인 목제품으로
묵서가 있는 것, ⑭절손, 부식, 기타에 의해 원형이 판명되지 않는
것, ⑮削屑(목간 깎은 부스러기)

47) 1959년 중국 감숙성 무위 마저자 6호묘에서 5백여 매의 죽간이 발
견되었다. 그 중『의례(儀禮)』라는 전적은 55㎝ 길이의 죽간에 기록
되어 있었다. 55㎝는 2척4촌이므로, 이를 통해 경전의 권위와 죽간
길이 사이에 상관관계가 있음이 확실해졌다(冨谷至, 2003, 앞의 책,
57~59쪽).

48) 李鎔賢, 1999, 「부여 궁남지 출토 목간의 연대와 성격」, 『궁남지발
굴조사보고서』, 342쪽

국립부여박물관, 2003, 『백제의 도량형』, 26쪽

49) 7세기 이후의 종이문서나 금석문에는 왕과 황제에 관한 어휘 앞에
그들을 존중한다는 뜻으로 의도적인 빈칸을 두었다. 이를 '空闕'이
라고 한다. 또 왕과 황제에 관한 어휘를 완전히 행을 바꾸어 시작하
거나, 다른 일반 행보다 위로 한 두 칸 나오게 기록하였는데, 이를
'平出'이라고 한다. 平出은 漢代 尺一詔의 서사관행이 종이문서에도
그대로 이어지면서 나타난 현상이라 할 수 있다.

50) 지목병용기에는 부찰형목간이 대다수를 차지하는데, 이때 부찰형

목간의 크기는 물품의 크기와 비례하여 만들어지지, 척도제와 연동
되지는 않는다.

51) 이상 중국 한대의 여러 단독간에 대한 자세한 설명은 冨谷至, 2003,
앞의 책, 81~94쪽을 참조바람.

52) 이로 인해 일본에서는 이 목간부스러기 자체에 대한 하위의 형식분
류가 시도되고 있다(山下信一郎, 2004, 「削屑」, 『文字と古代日本(1)』,
吉川弘文館).

53) 岸俊男, 1978, 「木簡」, 『日本古文書學講座(2)-古代編(1)』, 雄山閣,
256~261쪽

54) 李鎔賢, 1999, 「부여 궁남지 출토 목간의 연대와 성격」, 『궁남지』,
국립부여문화재연구소, 342쪽
김재홍, 2001, 「부여 궁남지유적 출토 목간과 그 의의」, 『궁남지
Ⅱ』, 국립부여문화재연구소, 432~433쪽

55) 필자는 2007년 1월 10일 한국목간학회의 제1차국제학술회의에서
'한국고대목간의 형태와 분류'라는 주제로 발표를 한 바 있다. 그
때 토론을 맡아주신 이문기(경북대 역사교육과) 선생님께서 사람에
부속된 목간으로 "휴대용목간"을 설정할 필요성을 지적해주셨다.
이 자리를 빌어 감사드린다.

56) 尹善泰, 1999, 「咸安 城山山城 出土 新羅木簡의 用途」, 『震檀學報』88

57) 윤선태, 2006, 「안압지 출토 門號木簡과 신라 東宮의 경비」, 『한국
고대사연구』44, 286~290쪽

58) 尹善泰, 2004b, 「扶餘 陵山里 出土 百濟木簡의 再檢討」, 『東國史學』40

59) 日本國立歷史民俗博物館, 2002, 『文字のある風景－金印から正倉院文
　　書まで』, 朝日新聞社, 67~68쪽

백제목간의 발굴 의의(意義)와 특징

1) 이 책이 탈고된 뒤, 충청문화재연구원이 쌍북리 부여여중 앞 백제
　　도로유적에서 목간 14점(묵서 7점)을 발굴하였다는 소식을 접하였
　　다. 이 책에는 소개하지 못하지만, 후일의 검토를 기약한다.

2) 발굴기관에서는 조속히 보고서를 간행해, 백제목간에 관한 연구가
　　활성화될 수 있도록 해주길 바란다.

3) 東羅城의 발굴성과 및 그 주변의 상황에 대해서는 忠南大學校百濟硏
　　究所 · 大田地方國土管理廳, 2003, 『泗沘都城－陵山里 및 軍守里地點
　　發掘調査 報告書－』를 참고바람.

4) 1993년부터 2000년까지 이루어진 陵山里寺址의 발굴조사 성과는 國
　　立扶餘博物館 · 扶餘郡, 2000, 『陵寺—扶餘陵山里寺址發掘調査進展報
　　告書』에 자세히 소개되어 있다.

5) 國立扶餘博物館 · 扶餘郡, 2000, 「부여 능산리사지 6차 발굴조사 지도
　　위원 자료」.
　　國立扶餘博物館 · 扶餘郡, 2001, 「부여 능산리사지 7차 발굴조사 현장

설명회 자료」.

國立扶餘博物館・扶餘郡, 2002, 「부여 능산리사지 8차 발굴조사 현장
설명회 자료」.

6) 蓮池에 대한 발굴상황에 대해서는 忠南大博物館, 1985, 『扶餘官北里
百濟遺蹟發掘報告(1)』, 9~10쪽을 참고한 것이다.

7) 관북리 연지 출토 백제 대나무자에 대해서는 『문화일보』 '2002년 부
여 관북리서 발굴된 대나무 자(尺), 중국 남조척 가능성 학계 주목'
(2005년 9월 27일자) 기사를 참조바람.

8) 국립부여박물관, 2003, 『百濟의 度量衡』, 58~60쪽에서는 이 목제상
자를 도량형기로 소개하고 있다.

9) 이상 부여 쌍북리유적에 대한 설명은 李康承, 2000, 「백제시대의 자
에 대한 연구−부여 쌍북리유적출토 자를 중심으로−」, 『韓國考古學
報』 43, 207~209쪽을 참조하였음.

10) 이상 궁남지 목간에 대한 개괄적인 기술은 『고대목간』(국립창원문
화재연구소, 2004)의 해당 유적설명을 참조하였다.

11) 315번 궁남지목간의 '歸人'을 歸化人으로 해석한 견해는 李鎔賢,
1999, 「부여 궁남지 출토 목간의 연대와 성격」, 『궁남지발굴조사보
고서』, 국립부여문화재연구소, 323~326쪽을 참고바람.

12) 劇場國家論에 대해서는 다음의 글을 참고바람. Geertz, C.,
Negara, The Theatre State in Nineteenth Century Bali,
Princeton Univ. Press, 1980. ; 青木保, 「'劇場國家'論の可能性」,

『現代思想』1981年 11月號 ; 靑木保, 1984, 『儀礼の象徵性』, 岩波現代新書, 199~216쪽.

사비도성의 경계(境界)와 의례(儀禮)

1) 朴仲煥, 2001, 「扶餘 陵山里寺址 발굴조사개요-2000년~2001년 조사 내용」, 『東垣學術論文集』4

朴仲煥, 2002, 「扶餘 陵山里發掘 木簡 豫報」, 『韓國古代史硏究』28

박경도, 2002, 「扶餘 陵山里寺址 8次 發掘調査 槪要」, 『東垣學術論文集』5

2) 국립부여박물관, 2002, 『百濟의 文字』

3) 朴仲煥, 2002, 위의 논문.

4) 국립부여박물관, 2002, 「제8차 부여 능산리사지 현장설명회자료」

5) 近藤浩一, 2004, 「扶餘 陵山里 羅城築造 木簡의 硏究」, 『百濟硏究』39

6) 이병호, 2007, 「부여 능산리 출토 목간의 성격」, 『한국고대목간과 고대 동아시아세계의 문화교류』 한국목간학회 제1회 국제학술대회 발표논문집

7) 한편 목간 각 면의 순서에 대한 筆者의 異見은 본문 내에서 부언하여 두었다.

8) 목간의 출토지점은 이병호 학예사가 발굴현장기록(野帳)과 발굴사

진, 관련자 면담을 통해 작성한 것이다. 그러나 누락된 것이 많아 일단 현재까지 확인된 것만을 제시하였다고 한다(이병호, 2007, 앞의 논문, 129쪽).

9) 이상은 이병호, 2007, 앞의 논문, 127~131쪽의 내용을 축약하고, 그림자료 등을 재인용한 것이다.

10) 앞서 언급한 것 외에도 능산리목간에 대해서는 다음과 같은 연구성과들이 있다.

東野治之, 2001, 「木簡으로 본 韓日 古代文化」 충남대 백제학교육연구단 제5회 해외전문가 초청강연 요지문

박중환, 2002, 「韓國 古代木簡의 形態的 特性」, 『國立公州博物館紀要』 2

김수태, 2002, 「百濟 聖王代의 郡令과 城主」, 『百濟文化』 31.

김영욱, 2003, 「武寧王 誌石과 木簡 속의 百濟 詩歌」 제28회 구결학회 전국학술대회 발표 논문집

이성배, 2004, 「百濟書藝와 木簡의 書風」, 『百濟研究』 40

11) 박중환, 콘도 고이치 모두 동일한 판독안을 제시하였다.

12) 손환일, 2004, 「함안성산산성 출토 목간의 서체에 대한 고찰」, 『한국의 고대목간』, 384~385쪽.
〈그림 36〉의 덕흥리진묘, 냉수리비, 함안목간의 사진자료도 역시 손환일의 위 논문에서 인용하였음.

13) 『說文解字』 권1, 禓; 『初學記』 권13, 禮部上, 祭祀第二

14) 『漢語大詞典』(1991, 上海中華印刷), 禓; 『漢語大字典』(1993, 四川·湖

北辭書出版社), 祸

15) 이하 고대일본의 道祭인 道饗祭에 대한 기술은 和田萃, 1995, 『日本 古代の儀禮と祭祀·信仰(中)』, 塙書房, 343~364쪽에 의거하였다.

16) 물론 道饗祭는 惡神을 경성 사방의 외곽에서 대접하여 되돌려보내 는 소극적 의미와 道神께 폐백을 올려 鬼魅를 퇴치시킨다는 보다 적 극적인 의미가 함께 한다.

17) 『三國史記』권32, 雜志1, 祭祀.

18) 東羅城의 발굴성과 및 第3門址 주변의 상황에 대해서는 忠南大學校 百濟研究所, 2003, 『泗沘都城-陵山里 및 軍守里地點 發掘調査 報告 書-』를 참고바람. 한편 이 책의 〈그림 37〉은 위의 책, 〈原色寫眞 3. 동나성 주변환경 상상 복원도〉를 인용한 것이다.

19) 고대일본의 道饗祭나 개인의 大祓儀式 등에 사용된 목간 및 제사용 구도 도로의 側溝施設에 폐기되었다는 점에서 능산리목간 출토지의 성격과 관련하여 시사하는 바 크다(和田萃, 1995, 앞의 책, 357~363 쪽).

20) 『風俗通義』권8, 畵虎 및 雄鷄

21) 『抱朴子』권13, 極言篇;『齊民要術』권5, 槐柳楸梓梧柞

22) 『荊楚歲時記』(守屋美都雄 譯注, 1978, 東洋文庫324, 平凡社), 71쪽

23) 필자는 2002년 일본 큐슈[九州] 후쿠오카[福岡]의 미즈키[水城] 유적 을 답사했을 때, 성벽 안쪽의 교차로에 남근을 세워 神物로 모신 조 그마한 당집이 있는 것을 발견하였다. 이 신물은 후술하는 일본의

도쇼신[道祖神] 신앙과 관련된 것이며, 미즈키 유적 역시 백제유민
들이 건설하였다. 답사 이후 〈능산리 남근형목간〉 출토소식을 접하
였고, 이것이 백제의 道祭와 관련된 신물이라는 확신 하에 관련 자
료를 모으기 시작하였다.

24) 許進雄, 1993, 『중국고대사회, 문자학과 고고학적 해석에 입각하
여』, 지식산업사, 341쪽

25) 특히 『風俗通義』에는 道祖에 대한 의례와 관련하여 軷祭를 기술하
면서, '封土象山於路側, 以菩蒭棘柏爲神主, 祭之, 以車轢軷而去,
喩無險難'이라고 상세히 그 제사 과정을 묘사하고 있다. 이 菩蒭棘
柏으로 만든 神主와 〈능산리 남근형목간〉이 일정한 상관관계가 있
거나, 이러한 신주를 백제에서 토착적으로 남근 모양으로 변형했을
가능성도 있겠다. 중국사에 있어 道禓, 道祖에 대한 상세한 검토는
후일의 연구과제로 남긴다.

26) 平川南, 2005, 「古代における道の祭祀—道祖神信仰の源流を求めて」,
『やまなしの道祖神祭り』, 山梨縣博物館
히라카와 미나미[平川南] 선생님도 필자처럼 〈능산리 남근형목간〉
을 도로 제사와 관련된 목간으로 이해하고 있다. 그러나 1면 묵서판
독은 필자와 달리 '道緣立立'으로 읽고, 이 신물을 "길 옆에 세워
두라"라는 의미로 해석하였다. 위 책에는 야마나시현(山梨縣)의 道
祖神 신앙을 상세히 소개하고 있어 크게 참고된다.

27) 이두현, 1984, 『한국민속학논고』, 학연사, 39~41쪽

28) 혹 泰卦처럼 乾卦를 아래에 두고, 坤卦를 위에 두어 무한한 '大造'의 힘을 만들어내려는 음양적 원리에서 기록된 것으로도 볼 수 있겠다.

29) 和田萃, 1995, 앞의 책, 360쪽

30) 위의 책, 349쪽

31) 앞의 「8차발굴조사 현장설명회 자료」에는 필자 판독안의 2면과 3면이 1면과 2면으로 잘못 소개되어 있고, 나머지 두 면은 아예 판독안이 제시되어 있지 않다. 당시 이 목간을 열람, 조사할 수 있게 해주시고, 논문으로 발표할 수 있도록 허락해주신 徐五善 館長, 申明熙, 宣柔伊 學藝研究士께 이 자리를 빌어 감사드린다.

32) 이 '卅' 바로 아래에 이 목간의 폐기과정에서 부러뜨릴 때 생긴 것으로 추정되는 가로로 금이 간 파손부위가 있다. 이곳에 '一'과 같은 글자가 묵서되어있었을 가능성도 있다. 목간을 잡고 부러뜨리는 과정에서 하단부분만 부러지고, 상단은 완전히 부러지지 않고 가로의 금만 생긴 상태로 폐기된 것이라고 생각된다.

33) '大'는 우변이 파손되었지만, 남아있는 필획으로 볼 때 '大'가 분명하다고 생각된다.

34) '小吏'는 목간에서 두 글자가 아니라 좌우로 붙어 한 글자처럼 되어 있다. 백제의 造字라고 생각된다.

35) '猪'는 목간 자체에는 '豸+者'로 묵서되어 있지만, 猪와 동일한 의미의 글자라고 생각된다.

36) 글자가 또렷하지만, 弓변인지 彳변인지 판단이 어렵다. 혹 '後'가 아닌가 생각된다.

37) 細字로 표현한 '牟氏'와 '牟△'는 行을 분할해서 쓴 割註形式으로 기록되어 있다. △는 글자가 또렷하지만, 木변인지 示변인지 판단이 어렵다.

38) 역시 글자는 또렷하지만, 판단이 어렵다. 혹 '殺'가 아닌가 모르겠다.

39) 近藤浩一, 2004, 앞의 논문, 98~103쪽

40) 『延喜式』卷5, 神祇 5, 齋宮

41) 위의 책, 卷6, 神祇 6, 齋院司

42) 위의 책, 卷7, 神祇 7, 踐祚大嘗祭

43) 이 사역인들은 律令의 職員令에 포함되어 있지 않다는 점에서 官人이라고 볼 수는 없다. 한편 고대일본에서 '兒'를 사역인 명칭의 접미어로 사용하였던 것도 혹 백제유민들에 의해 고대일본으로 전달되었을 가능성이 있다고 생각된다. 후술하는 백제율령이 고대일본의 율령에 미친 영향력과 관련하여 주목되는 대목이다.

44) 近藤浩一, 2004, 앞의 논문, 99쪽에서는 이 백제의 量制를 漢代의 大半升, 少半升의 量制와 같은 것으로 설명하였다. 그러나 필자의 判讀案이 틀리지 않았다면 이는 성립하기 어렵다.

45) 漢代의 大半升, 少半升의 量制는 脫穀의 有無에 따른 穀物의 換算과 관련된 것이며, 실제로 그러한 量器도 존재하였다(富谷至, 1996,

「漢代穀倉制度－エチナ川流域の食糧支給より－」, 『東方學報』68, 26~43쪽).

46) 이를 규명하기 위해서는 魏晉南北朝時代의 量制 운영과 비교검토가 필요하다고 생각된다.

47) 이러한 종지부의 성격을 지닌 띄어쓰기는 일본의 언어학자 이누카이 선생이 신라 어순으로 한자를 나열한 "임신서기석"의 분석을 통해 이미 지적한 바 있다(犬飼隆, 2006, 「日本語を文字で書く」, 『列島の古代史(ひと・もの・こと)－言語と文字－』, 岩波書店, 40쪽). 따라서 이 백제 사면목간의 문장 역시 한문이 아니라, 한자를 빌어 백제 어순으로 표현한 것이라고 생각된다.

48) 종래 이 불비상의 명문 중 '全氏'로 판독한 부분은 '牟氏'가 분명하다. 또 이 불비상 명문에는 百濟遺民의 人名語尾로 '…次'가 여러 명에서 확인된다. 이 불비상 명문의 새로운 판독은 尹善泰, 2005, 「新羅 中代末~下代初의 地方社會와 佛敎信仰結社」, 『新羅文化』26, 125~127쪽을 참조바람.

49) 金英心, 1997, 『百濟 地方統治體制 硏究』서울大 博士學位論文, 87~88쪽

50) 그렇다면 小吏는 道使의 屬僚가 아닐까. 관련자료의 증가를 기대해 본다.

51) 『日本書紀』欽明天皇 15년 2월

52) 鶴見泰壽, 2001, 「飛鳥の木簡」, 『テーマ '日中の考古學'』, 奈良縣

立・原考古學研究所, 25~29쪽

53) 橋本義則, 1989, 「1988年出土の木簡, 奈良・藤原京跡」, 『木簡研究』
11, 30~35쪽

54) 필자는 韓國古代醫學史를 전공하신 이화여대 李賢淑 선생님께 支藥
兒에 대해 문의하였는데, 이에 李선생님은 혹 이 支藥兒가 藥田에서
都城으로 藥材를 공급하였던 使役人이 아닐까 하는 의견을 주셨다.
이후 필자 역시 고대일본의 의약관련 목간자료를 검토하면서 이선
생님의 의견에 동의하게 되었다. 더욱이 이로 인해 능산리목간에
보이는 생산시설이나 저장시설에 대한 묵서들을 해석할 수 있는 기
초를 마련한 것은 큰 수확이었다. 이 자리를 빌어 감사드린다.

55) 능산리 296번 목간에서 확인된다. 후술한다.

56) 능산리 303번 목간에서 확인된다. 후술한다.

57) 그런데 주목되는 것은 이 목간 뒷면에 기록된 계량단위인 石이 가
로획 一을 생략한 채로 표기되어 있다는 점이다(近藤浩一, 앞의 논
문, 88쪽 주11). '함안성산산성목간'을 비롯해 신라의 고문서, 목
간, 금석문 등에는 모두 돌 石과 계량단위의 石을 구별해, 돌 石은
온전히 쓰지만 계량단위의 石은 가로획 一을 생략한 채로 표기하였
다. 이는 고려, 조선에도 계승되었다(河日植, 1996, 「昌寧 仁陽寺碑
文의 研究」, 『韓國史研究』 95, 27~28쪽: 尹善泰, 1999, 「咸安 城山山
城 出土 新羅木簡의 用途」, 『震檀學報』 88, 18쪽). 그런데 위 목간의
二石 역시 그러한 방식으로 기록되어 있다. 추후 백제 문자자료에

서 동일한 사례들이 증가한다면 더욱 명확해지겠지만, 이러한 표기법의 淵源이 백제로 소급될 가능성이 점쳐진다. 이는 신라의 문자 생활에 끼친 백제의 영향력을 말해주는 것이다.

58) 이 목간이 석탄일 의례와 관련된 것이라는 점은 東野治之, 2001, 「木簡으로 본 韓日 古代文化」충남대 백제학교육연구단 제5회 해외 전문가 초청강좌 발표요지문, 2쪽을 참조바람.

59) 김영욱, 2003 앞의 발표요지문.

60) 김영욱 역시 앞의 발표요지문에서 "兩人 間의 書信 惑은 約束과 關聯된 文書의 一種으로 利用되었을 可能性도 排除할 수는 없다"고 하였다. 그의 입장처럼 편지라고 하더라도 그 내용은 情報 傳達의 機能만을 가진 밋밋한 散文이 아닌, 四言四句의 一定한 形式으로 構成된 詩歌形式의 口語體가 사용될 수도 있다고 생각된다. 그러나 어쨌든 이 목간은 詩歌를 習書한 것은 아니며, 詩歌體의 書簡이라고 생각된다.

61) 近藤浩一 , 2004, 앞의 논문, 103쪽

62) 박중환, 2002, 앞의 논문.

63) 권오영, 2001, 「風納土城 경당지구에서 출토된 말뼈의 의미」, 『馬事博物館誌』, 37~38쪽

64) 필자는 이미 이 목간의 판독안을 제시하고 목간의 용도를 설명한 적이 있지만(윤선태, 2004a, 앞의 논문, 363쪽), 당시에는 적외선사진이 없는 상태에서의 판독이었기 때문에 많은 문제가 있었다. 특

히 앞면에 인명과 친족관계 호칭이 기록되어 있다는 박중환과 콘도 등의 판독안을 수용하였는데, 적외선사진으로 볼 때 모두 인명으로 생각된다. 이 자리를 빌어 종래 필자의 판독안과 목간의 용도를 수정, 보완하였다.

65) 『한국의 고대목간』에 공개되지 않아 분명하지는 않지만, 능산리목간 중에는 "昔無造山□□□" 등이 묵서된 것도 있다고 한다(朴仲煥, 2002, 앞의 논문, 219쪽). 이 판독이 맞다고 한다면, 이 역시 앞서의 296번, 303번 목간과 마찬가지로 "造山"은 어떤 생산처와 관련된 표현일 가능성이 있다.

66) 물론 탄야방에 대한 필자의 해석이 잘못되었을 수도 있고, 또 두 목간의 출토 층위문제도 아직 남아있기 때문에, 이는 발굴보고서의 완간이나 방제와 관련된 또 다른 자료를 기다려야만 풀릴 수 있다고 생각된다.

67) 尹善泰, 2000, 「新羅의 寺院成典과 衿荷臣」, 『韓國史研究』 108 ; 2002, 「新羅 中代의 成典寺院과 國家儀禮」, 『新羅文化祭學術論文集』 23

문서행정(文書行政)과 백제율령

1) 일반적으로 고문서학(古文書學)에서는 수발관계(受發關係)가 명확한

것만을 '문서'라고 정의하지만, 이 글에서는 관청의 장부류 역시 광의의 의미에서 문서의 범주 속에 포함시켜 다루려 한다.

2) 唐代의 文書行政에 대해서는 中村裕一, 1991, 『唐代制勅研究』, 汲古書院. 同, 1991, 『唐代官文書研究』, 中文出版社. 同, 1996, 『唐代公文書研究』, 汲古書院 등의 연구성과가 크게 참고된다.

3) 예를 들어 蓮池 최하층에서 발굴한 꼬리표목간에 '中部'가 묵서되어 있다는 점(國立中央博物館, 1999, 『特別展 百濟』, 156쪽), 또 木簡의 廢棄行程이 古代日本의 方式과 유사하다는 점 등이 지적되었다(李鎔賢, 1999, 「부여 궁남지 출토 목간의 연대와 성격」, 『궁남지발굴조사보고서』, 342쪽).

4) 국립부여문화재연구소, 『2003年報』, 35~36쪽에 이 목간의 사진이 〈도판 16〉으로 게재되어 있어 이때 발굴되었음을 알 수 있다. 그러나 이 책에는 이 목간이 발굴된 구체적인 층위는 소개되어 있지 않다.

5) 편철간은 말아놓으면 그 내용을 알아볼 수 없기 때문에, '楬'에다가 典籍이나 帳簿의 명칭을 쓰고, 楬의 상단에 구멍을 뚫어 편철간에 묶어 그 標識로 기능하도록 했다(大庭脩 編著, 1998, 『木簡—古代からのメセージ』, 大修館書店, 40~41쪽).

6) 尹善泰, 2005, 「월성해자 출토 신라 문서목간」, 『역사와 현실』56, 130쪽

7) 高島英之, 2004, 「題簽軸」, 『文字と古代日本』1, 吉川弘文館, 344~346쪽

8) 이용현, 1999, 「부여 궁남지 출토 목간의 연대와 성격」, 『궁남지발굴 조사보고서』

9) 위의 논문, 334~336쪽에서는 中口 4인과 小口 2인 등 6인만을 歸人 으로 보고 있다. 한편 이 목간의 前面 묵서내용을 後面 묵서의 축약 형으로 이해한 점이나, 후면의 歸人과 전면의 夷를 동일한 의미로 파 악한 그의 견해에 대해서는 필자 역시 동의한다.

10) 『通典』 권7 食貨7 丁中, "晉武帝平吳後, 有司奏, 男女年十六以上至六 十爲正丁, 十五以下至十三, 六十一以上至六十五爲次丁, 十二以下六十 六以上爲老·小, 不事."

11) 高敏, 1987, 「魏晉南北朝徭役制度雜攷」, 『魏晉南北朝社會經濟史探 討』, 人民出版社, 339쪽

12) 윤선태. 2000, 『신라 통일기 왕실의 촌락지배』 서울대 대학원 국사 학과 박사학위논문, 제1장 3절 참고바람

13) 윤선태, 2000, 앞의 논문, 166~167쪽

14) 尹善泰, 2003, 「新羅村落文書硏究の現狀」, 『美濃國戶籍の綜合的硏究』 東京堂出版, 403쪽

15) 鬼頭淸明, 1978, 「日本律令官制の成立と百濟の官制」, 『日本古代の社 會と經濟』上

16) 曾我部靜雄, 1968, 「西涼及び兩魏の戶籍と我が古代戶籍との關係」, 『律令を中心とした日中關係史の硏究』, 吉川弘文館, 345~380쪽

17) 田中聰, 2002, 「夷人論-律令國家形成期の自他認識-」, 『日本史硏究』

475, 14쪽

18) 윤선태, 2003, 「웅진·사비기 백제의 척도제」, 『古代 東亞細亞와 百
濟』, 서경, 482쪽

19) 米田美代治, 1944, 『韓國上代建築の硏究』, 秋田屋 ; 1976, 『韓國上代
建築의 硏究』, 東山文化社
藤島亥治郎, 1969, 『朝鮮建築史論』, 景仁文化社

20) 尹武炳, 1969, 『金剛寺』國立博物館 古蹟調査報告 제7책
文化財管理局 文化財硏究所, 1989, 『彌勒寺』遺蹟發掘調査報告書(Ⅰ)
忠南大學校博物館, 1999, 『扶餘官北里百濟遺蹟發掘報告(Ⅱ)』

21) 尹張燮, 1975, 「韓國의 造營尺度」, 『大韓建築學會論文集』; 1983, 『韓
國建築硏究』, 東明社
李信孝, 1984, 「百濟伽藍의 用尺에 關한 考察」圓光大學校 大學院 史
學科 碩士學位論文
張慶浩, 1990, 『百濟寺刹建築』, 藝耕産業社
朴淳發, 1996, 「百濟都城의 變遷과 特徵」, 『重山鄭德基博士華甲紀念
韓國史學論叢』
李炳鎬, 2001, 「百濟 泗沘都城의 造營과 區劃」서울大學校 大學院 國
史學科 碩士學位論文

22) 山本孝文, 2001, 「百濟 泗沘期 石室墳과 政治·社會相 硏究」忠南大
學校 大學院 考古學科 碩士學位論文
山本孝文, 2002, 「百濟 泗沘期 石室墳의 階層性과 政治制度」, 『韓國考

古學報』47, 101~114쪽

23) 송산리 6호분은 후벽 9尺반, 측벽 16尺으로, 무령왕릉은 후벽 11尺, 측벽 17尺으로 축조되었다고 한다(山本孝文, 2001, 앞의 논문, 70쪽)

24) 이에 관한 최근의 몇 가지 중요한 연구성과를 소개하면 다음과 같다.

田中俊明, 1990, 「王都로서의 泗泌城에 대한 豫備的 考察」, 『百濟研究』21

齊東方, 2001, 「百濟武寧王墓와 南朝梁墓」, 『武寧王陵과 東亞細亞文化』 국립문화재연구소/국립공주박물관

권오영, 2002, 「무령왕릉의 장제」, 『백제문화를 통해 본 고대 동아시아 세계』, 공주대 백제문화연구소

成正鏞, 2002, 「陶瓷器로 본 百濟와 南朝交涉」, 『古代 東亞細亞 文物交流의 軸』, 충남대학교 백제연구소

25) 國家計量總局主編, 1981, 『中國古代度量衡圖集』, 北京 文物出版社; 1985, 山田慶兒·淺原達郎 譯, 東京 みすず書房, pp.383~384, '中國古代度量衡 器物一覽表'참조바람.

26) 尹武炳, 1969, 앞의 책과 文化財管理局 文化財研究所, 1989 앞의 책이 대표적이다.

27) 尹善泰, 2002, 「韓國 古代의 尺度와 그 變化 - 高句麗尺의 誕生과 관련하여 - 」, 『國史館論叢』98, 30~36쪽

28) 新井宏, 1992, 『まぼろしの古代尺 - 高麗尺はなかった - 』, 吉川弘文

館, 23~47쪽

29) 위의 책, 26쪽. 그러나 각 보고서들의 측정치를 우수리를 없앤 것으로 보게 되면, 각 보고서의 측정치에 의존해 기준척 후보를 추출한 위 책의 기본적인 방법론 자체가 의미를 잃게 된다.

30) 新井宏의 연구에서 백제유적을 통해 25㎝ 정도의 기준척을 2차후보로까지 추출하고도 이를 看過한 것은, 고구려척의 존재를 부정하고 한국고대의 척도제를 '古韓尺'으로만 설명하는 그의 입론과 밀접히 관련되어 있다. 그러나 고구려척의 존재 가능성에 대해서는 최근까지도 다양한 논문들이 계속 발표되고 있다(朴贊興, 1995, 「高句麗尺에 대한 研究」, 『史叢』 44 : 權鶴洙, 1999, 「黃龍寺 建物址의 營造尺 분석」, 『韓國上古史學報』 31 : 尹善泰, 2002 앞의 논문을 참조바람).

31) 이 글은 충남대 개교 50주년 제11회 백제연구 국제학술회의 "古代 東亞細亞와 百濟"(2002. 10. 25~10. 26)에서 필자가 '百濟의 尺度制는 漢城期에는 樂浪郡으로부터 들어온 23.7㎝의 後漢尺에 기초하고 있었고, 이어 熊津期에는 中國南朝와의 긴밀한 교류 속에서 25㎝ 정도의 小尺으로 변경하였다가, 泗沘期 말인 武王 후반대에 이르러 29.7㎝의 唐大尺을 받아들였다'는 취지로 발표한 글을 수정·보완한 것이다. 발표 후 충남대 고고학과 朴淳發 선생님으로부터 現 宮南池 서북편과 軍守里 지점 등에서 道路 유구가 발견되었다는 사실을 듣게 되었다. 이 도로유구들은 필자의 보완에 큰 도움이 되었다. 박순발 선생님께 이 자리를 빌어 감사드린다. 한편 2003년 7월 국

립부여박물관에서 "百濟의 度量衡展"이 개최되었다. 이 전시회에서도 웅진, 사비기의 벽돌, 창왕명사리감, 금동대향로 등의 유물을 통해, 당시 백제가 남조의 척도를 수용한 것으로 보았다(국립부여박물관, 2003, 『百濟의 度量衡』, 20~22쪽).

32) 李康承, 2000, 「백제시대의 자에 대한 연구-부여 쌍북리유적출토 자를 중심으로-」, 『韓國考古學報』 43

33) 지금까지 본고에서 기술한 쌍북리유적 출토 백제자의 출토상황 및 자의 세부사항에 대한 설명은 李康承, 2000, 앞의 논문, 207~211쪽에 의거한 것이다. 본고의 〈그림 50〉 역시 李康承의 위 논문, 223쪽의 〈사진 3〉에서 백제자의 앞면 사진만을 전재한 것이다.

34) 吳洛, 1981, 『中國度量衡史』, 商務印書館, 220~221쪽

35) 『舊唐書』 권199上, 列傳149上, 百濟

36) 『三國史記』 권7, 新羅本紀7, 文武王 5年
이 해에 신라에서는 絹布의 폭과 길이를 조정하였는데, 이는 국가기준척의 변화로 이해할 수 있다(李宗峯, 1999, 『高麗時代 度量衡制 研究-結負制와 관련하여-』釜山大學校 大學院 史學科 博士學位論文, 31~32쪽: 尹善泰, 2002, 앞의 논문, 56~57쪽).

37) 이상 신라의 당대척 수용과정에 대해서는 尹善泰, 2002, 앞의 논문, 51~58쪽을 참조바람.

38) 『문화일보』 '2002년 부여 관북리서 발굴된 대나무 자(尺), 중국 남조 척 가능성 학계 주목' (2005년 9월 27일자 기사). 이하 관북리 백제

자에 대한 필자의 설명은 이 기사를 참조하였다.

39) 尹善泰, 2002, 앞의 논문, 42~58쪽

분식(粉飾)된 사비도성과 백제왕권

1) 國立扶餘文化財硏究所, 2001, 『宮南池Ⅱ-現 宮南池 西北便一帶-』

   忠南大學校百濟硏究所, 2003, 『泗沘都城-陵山里 및 軍守里地點 發掘調
   査 報告書-』

   李亨源, 2003, 「泗沘都城內 軍守里地點의 空間區劃 및 性格」, 『湖西考
   古學』8

2) 忠南大學校博物館, 1999, 앞의 책, 11~30쪽

3) 사비도성의 도로구획에 대해서는 충남대학교박물관, 1999, 앞의 책
   에서 상세히 다루고 있지만, 발굴지역에 대한 전체도면이 빠져있는
   등 문제점이 많다. 최근 이러한 문제점을 비판하고, 전체도면을 새
   롭게 보충한 논문이 발표되었다(朴淳發, 2000, 「泗沘都城의 構造에
   대하여」, 『백제연구』31 : 朴淳發, 2002, 「泗沘都城」, 『東アジア都市
   形態と文明史』, 國際日本文化硏究センタ 第21回國際硏究集會 發表要
   旨文).

4) 본고의 〈그림 51〉은 朴淳發, 2000, 앞의 논문, 120쪽의 〈도 1〉을 그
   대로 전재한 것이다.

5) 忠南大學校博物館, 1999, 앞의 책, 79쪽; 朴淳發, 2000, 앞의 논문, 119쪽

6) 李炳鎬, 2001, 앞의 논문, 57쪽: 忠南大學校百濟研究所, 2003, 앞의 책, 215쪽

7) 忠南大學校博物館, 1999, 앞의 책, 11~12쪽 및 73쪽

8) 忠南大學校博物館,, 1999, 앞의 책, 73쪽; 李炳鎬, 2001, 앞의 논문, 60쪽

9) 忠南大學校博物館, 1999, 앞의 책, 13~14쪽 및 30쪽

10) 忠南大學校博物館, 1999, 앞의 책, 73쪽; 李炳鎬, 2001, 앞의 논문, 60쪽

11) 최근 중국에서는 墓葬되어 있던 六朝時代의 小尺 실물이 다수 발굴되었다. 이 자들 중 제일 짧은 것은 洛陽의 西晉 '永寧二年(302)墓'에서 발견된 24㎝의 骨尺이며, 제일 긴 것은 安徽省 南陵 麻橋의 '東吳墓'에서 발견된 25㎝의 木尺이다(南京市博物館, 2002, 「南京發現西晉水井」, 『文物』554, 17~18쪽). 이처럼 발굴된 소척 실물의 길이 차이가 1㎝나 되어, 필자처럼 소척의 길이를 25㎝ 정도로 확정하여 계산하는 것은 문제가 있다. 그러나 이 작업은 고구려척을 대입한 기존의 연구들처럼 대략적인 추산을 시도하는 것이고, 또 본고는 미시적인 부분에서 끝나지 않고, 이를 사비도성의 전체 공간구성으로 확대해 영조척을 추적하기 때문에 어느 정도 보완이 되리라 생각된다.

12) 사비도성의 공간확대를 크게 3단계로 나누어 보는 견해가 있다. 1
   단계는 사비천도 이후 6세기 중엽까지로, 이 시기에는 나성과 부소
   산성에 대한 축조가 중심을 이룬다고 한다. 2단계는 6세기 중·후
   반부터 7세기 초반까지로, 나성 내부의 저습지 개간을 통해 정림사
   지를 비롯한 기와건물들이 건립되었고, 이후 나성 내부지역은 주변
   지역과 구별되는 도시적 경관이 확립되었다고 한다. 3단계는 7세기
   전반부터 멸망기까지로, 백마강 건너 서안에도 기와 건물이 확인되
   는 등, 초기의 도성공간이 확대되는 시기라고 한다(李炳鎬, 2002,
   「百濟 泗沘都城의 造營過程」, 『韓國史論』47, 서울대 국사학과, 104
   쪽)

13) 朴淳發, 2002, 앞의 발표요지문, 136~137쪽

14) 湯淺幸孫, 1983, 『翰苑校釋』國書刊行會, 103쪽

15) 『括地志』는 唐 太宗 貞觀 16년(642)에 태종의 넷째 아들인 李泰가 완
   성한 지리서이다(神田信夫·山根幸夫, 1989, 『中國史籍解題辭典』, 燎
   原書店, 29쪽). 그런데 본고에 인용한 백제왕성, 그리고 웅진성을
   비롯한 五方城에 대한 부분, 그 외 이 책에 기록된 백제의 지리관련
   자료들이 상당히 구체적이고, 사실적이다. 당시 唐의 百濟에 대한
   戰略的 構想들을 염두에 둘 때, 『括地志』에 실린 백제의 지리관련
   정보들은 642년 당시 唐이 알고 있던 백제 지리에 관한 最新, 最上
   의 것이라 생각된다. 따라서 사비도성의 왕궁 위치비정과 관련하여
   최고로 신뢰할만한 자료라고 할 수 있다.

16) 徐程錫, 2002, 『百濟의 城郭-熊津·泗沘時代를 中心으로-』, 학연문
   화사, 119~127쪽

17) 『三國史記』권28, 百濟本紀 6, 義慈王 19年 9月, '宮中槐樹鳴如人哭聲
   夜鬼哭於宮南路'

18) 忠南大學校博物館, 1999, 앞의 책, 79~80쪽; 朴淳發, 2000, 앞의 논
   문, 120~122쪽; 李炳鎬, 2001, 앞의 논문, 57쪽

19) 朴淳發, 2002, 앞의 발표요지문, 136쪽

20) 朴淳發, 2000, 앞의 논문, 122쪽.

21) 忠南大學校博物館, 1999, 앞의 책, 30쪽
   그런데 최근 이 중심간 거리를 95.5m로 파악한 새로운 견해가 제기
   되었다. 이 연구에서는 GPS 측량을 통해 남북대로의 폭 10.75m(노
   면폭 8.9m, 양측구 1.85m), 남북소로의 폭 5.5m(노면폭 3.9m, 양
   측구 1.6m), 이들 도로로 구획된 내부구획의 동서간 거리 86m를
   기준으로 하여, 두 도로의 중심간 거리를 95.5m로 실측할 수 있었
   다고 한다(朴淳發, 2002, 앞의 발표요지문, 138쪽; 忠南大學校百濟硏
   究所, 2003, 앞의 책, 213~215쪽). 그러나 GPS 측량을 위한 기존
   발굴지점들이 어떻게 설정되었는지는 정확히 알 수 없지만, 제시된
   측정치로 계산하더라도, 두 도로의 중심간 거리는 94.125m(=남북
   대로의 폭 절반 5.375m+내부구획 86m+남북소로의 폭 절반
   2.75m)가 된다. 앞서 언급하였지만 관북리유적에 관한 최초의 발굴
   보고서에 의하면, 남북대로의 너비는 10.75m 정도이나, 지점에 따

라서는 너비가 10.6~10.9m로 차이가 있었다고 한다. 즉 남북대로 건설 당시부터 지점에 따라 도로 폭에 약간의 차이가 있었을 가능성이 있다. 남북소로도 마찬가지였을 것으로 생각된다. 최초의 보고서에서 두 도로의 중심간 거리를 측정한 지점이 어디였는지는 알 수 없지만, 본고에서는 93m라는 최초 발굴보고서의 측량수치를 당시 발굴현장에서의 측정치로 존중하려고 한다.

22) 〈그림 53〉은 忠南大學校博物館, 1998, 『扶餘郡文化遺蹟分布地圖』, 44쪽 및 55쪽의 지도를 합성하여 만든 것이다. 44쪽의 지도는 정림사 남쪽 구획선을 기준으로 그 북쪽 부분이며, 55쪽의 지도는 그 아래 남쪽 부분이다.

23) 사비도성의 도로 방향이 磁北 방향에서 7도 정도 동쪽으로 기울어진 眞北 방향으로 건설되어 있다는 점을 상기해서 〈그림 53〉을 본다면, 구교리의 인공제방선 역시 그 방향임을 알 수 있다. 이는 부여 시가지 서쪽 백마강을 따라 존재하는 표고 10m의 등고선과 같은 방향이기 때문에 실질적인 의미가 있다.

24) 忠南大學校博物館, 2003, 앞의 책, 210쪽 및 211쪽의 〈삽도 8〉 사비도성의 구조평면도를 참조바람.

25) 실제로 구드래 지점의 현 제방 바깥 고수부지에서 와즙건물지와 밭으로 추정되는 경작지 유구가 확인되었다고 한다(朴淳發, 2002, 앞의 발표요지문, 137쪽).

26) 궁남지 서북쪽의 동서대로는 관북리 지점에서 확인된 단위구획을

기준으로, 남쪽으로 14번째, 서쪽으로 2번째에 해당되는 블록의 남단 동서대로이므로(朴淳發, 2002, 앞의 발표요지문, 138~139쪽; 忠南大學校百濟研究所, 2003, 앞의 책, 215쪽), 이는 결국 113.1m의 남북간격 13개가 그 사이에 존재하고 있는 셈이다.

27) 李炳鎬, 2001, 앞의 논문, 63쪽

28) 尹善泰, 2002, 앞의 논문, 참조바람
   이러한 정림사의 立地는 백제의 통합과 영속을 기원한 國家儀禮와 관련되었을 것이다. 신라의 경우에도 도성 내 사찰의 위치와 국가 의례가 밀접히 관련되어 있었다.

29) 金英心, 1997, 앞의 논문, 138~154쪽

30) 李基東, 1990, 「백제국의 성장과 마한병합」, 『백제논총』2, 52쪽

31) 국립부여문화재연구소, 『2002年報』, 82~90쪽에 목간출토상황과 목간사진(사진 19)이 소개되어 있다.

32) 〈그림 55〉에 인용한 夷의 이체자는 兒玉幸多編, 1981, 『くずし字用例辭典』, 近藤出版社, 210쪽, 夷의 용례를 참조한 것이다.

33) 末松保和, 1935, 「百濟の故地に置かれた唐の州縣について」, 『青丘學叢』19; 1965, 『青丘史草』第一에 再收錄

34) 『三國史記』卷37, 地理4

35) 『大典會通』卷4, 兵典, 符信;『增補文獻備考』卷112, 兵考4, 符信

36) 盧重國, 1988, 「統一期 新羅의 百濟故地支配」, 『韓國古代史研究』1, 140~141쪽

37) 『書經』卷1, 堯典

38) 末松保和, 1965, 앞의 책, 110~111쪽

39) 應瑒,「靈河賦」(『大漢和辭典』8권, 447쪽에서 再引用)

40) 『三國遺事』권2 紀異2 南夫餘 前百濟

41) 李道學, 1989,「사비시대 백제의 四方界山과 호국사찰의 성립」, 『백제연구』20

42) 張寅成, 2001, 『백제의 종교와 사회』, 서경, 55~80쪽

43) 徐永大, 2000,「백제의 五帝信仰과 그 의미」, 『한국고대사연구』20

44) 이용현, 1999, 앞의 논문, 334~336쪽

45) 寺崎保廣, 2004,「帳簿」, 『文字と古代日本』1, 吉川弘文館, 294~295쪽

46) 이에 대해서는 이용현, 1999, 앞의 논문, 324~325쪽을 참조바람.

47) 石見淸裕, 1998, 『唐の北方問題と國際秩序』, 汲古書院, 135쪽

48) 田中聰, 2002,「夷人論-律令國家形成期の自他認識-」, 『日本史硏究』475, 14쪽

49) 『洛陽伽藍記』卷3, 城南

50) 『輿地紀勝』권17, 江寧東路・建康府 所引『宮苑記』(이상의 四夷館, 四夷里에 대한 설명은 劉淑芬, 1981, 『六朝時代的建康』臺灣大學歷史硏究所博士論文을 참조하였음)